·国家社科基金重大项目"精准扶贫战略实施的动态监测与成效评价研究"(16ZDA022)

·中南财经政法大学青年教师创新发展项目"社会工作与志愿服务的联动机制探究"(31512010104)

中南财经政法大学哲学院学术丛书

教育扶贫中多元主体的互动及效果

向雪琪 ○ 著

INTERACTIONS AND EFFECTS OF MULTIPLE SUBJECTS IN EDUCATIONAL POVERTY ALLEVIATION

中国社会科学出版社

图书在版编目(CIP)数据

教育扶贫中多元主体的互动及效果／向雪琪著.—北京：中国社会科学出版社，2021.9
（中南财经政法大学哲学院学术丛书）
ISBN 978-7-5203-8842-9

Ⅰ.①教… Ⅱ.①向… Ⅲ.①教育—扶贫—研究—中国 Ⅳ.①G52

中国版本图书馆 CIP 数据核字（2021）第 154973 号

出 版 人	赵剑英
责任编辑	杨晓芳
责任校对	李清桐
责任印制	王 超

出　　版	中国社会科学出版社
社　　址	北京鼓楼西大街甲 158 号
邮　　编	100720
网　　址	http://www.csspw.cn
发 行 部	010-84083685
门 市 部	010-84029450
经　　销	新华书店及其他书店

印刷装订	三河弘翰印务有限公司
版　　次	2021 年 9 月第 1 版
印　　次	2021 年 9 月第 1 次印刷
开　　本	710×1000　1/16
印　　张	13.25
字　　数	191 千字
定　　价	69.00 元

凡购买中国社会科学出版社图书，如有质量问题请与本社营销中心联系调换
电话：010-84083683
版权所有　侵权必究

目 录

第一章 导论 …………………………………………………… (1)
  第一节 研究背景 ………………………………………………… (1)
    一 消除贫困是人类社会的共同目标 ………………………… (1)
    二 教育不平等是中国农村贫困的重要根源 ………………… (3)
    三 教育扶贫是脱贫攻坚的治本之策 ………………………… (5)
  第二节 文献综述 ………………………………………………… (6)
    一 贫困与反贫困研究 ………………………………………… (6)
    二 教育不平等与贫困的关系研究 …………………………… (11)
    三 教育与反贫困研究 ………………………………………… (16)
    四 研究评述 …………………………………………………… (19)
  第三节 研究对象 ………………………………………………… (20)
    一 研究对象的选取 …………………………………………… (20)
    二 DF县扶贫举措 …………………………………………… (26)
  第四节 研究目的及意义 ………………………………………… (28)
    一 研究目的 …………………………………………………… (28)
    二 研究意义 …………………………………………………… (29)

第二章 研究理论与方法 ……………………………………… (32)
  第一节 理论基础 ………………………………………………… (32)
    一 贫困研究的理论脉络 ……………………………………… (32)
    二 贫困治理的理论基础 ……………………………………… (37)

第二节　核心概念 ……………………………………………（42）
　　一　教育贫困 …………………………………………………（42）
　　二　教育扶贫 …………………………………………………（42）
　　三　贫困治理 …………………………………………………（42）
第三节　研究框架 ……………………………………………（43）
　　一　研究视角 …………………………………………………（43）
　　二　研究思路 …………………………………………………（44）
　　三　创新点 ……………………………………………………（46）
第四节　研究方法 ……………………………………………（47）
　　一　观察法 ……………………………………………………（47）
　　二　深度访谈法 ………………………………………………（47）
　　三　扩展个案法 ………………………………………………（48）

第三章　教育扶贫政策的演变及发展 …………………………（49）
第一节　教育扶贫的发展历程 ………………………………（49）
　　一　改革开放伊始到"八七扶贫攻坚"时期的教育扶贫 ……（49）
　　二　《中国农村扶贫开发纲要（2000—2010）》实施时期的
　　　　教育扶贫 …………………………………………………（50）
　　三　2012年以来精准扶贫时期的教育扶贫 …………………（52）
第二节　教育扶贫政策的主要内容 …………………………（54）
　　一　转变教育扶贫理念 ………………………………………（54）
　　二　重视教育基础设施建设 …………………………………（54）
　　三　统筹教育扶贫资源 ………………………………………（55）
　　四　完善教育扶贫资助体系 …………………………………（56）
　　五　创新教育扶贫工作机制 …………………………………（57）
　　六　强化教育扶贫监管 ………………………………………（57）
第三节　教育扶贫政策的特点及作用机理 …………………（58）
　　一　教育扶贫政策的特点 ……………………………………（58）
　　二　教育扶贫的作用机理 ……………………………………（62）

第四节　教育扶贫的政策演进及成效 …………………… (64)
　　一　教育扶贫的政策演进 ……………………………… (64)
　　二　教育扶贫政策的实践效果 ………………………… (68)

第四章　教育扶贫的多元主体 …………………………… (70)
第一节　治理理论视域下的教育扶贫 …………………… (71)
　　一　经典治理理论概述 ………………………………… (71)
　　二　贫困治理的理想模式 ……………………………… (72)
　　三　教育扶贫的多元主体 ……………………………… (75)
第二节　政府在教育扶贫中的地位 ……………………… (76)
　　一　政府教育扶贫的定位 ……………………………… (76)
　　二　政府教育扶贫的优势 ……………………………… (79)
　　三　政府教育扶贫的职能 ……………………………… (83)
第三节　市场主体在教育扶贫中的角色 ………………… (85)
　　一　市场主体教育扶贫的内涵 ………………………… (85)
　　二　市场主体教育扶贫的动机 ………………………… (86)
　　三　市场主体教育扶贫的角色担当 …………………… (88)
第四节　社会组织在教育扶贫中的功能 ………………… (89)
　　一　社会组织教育扶贫的内涵 ………………………… (89)
　　二　社会组织教育扶贫的历程 ………………………… (91)
　　三　社会组织教育扶贫的作用 ………………………… (92)

第五章　政府教育扶贫的行动机制 ……………………… (94)
第一节　政府教育扶贫的角色分析 ……………………… (95)
　　一　规划制定者 ………………………………………… (95)
　　二　政策制定者 ………………………………………… (96)
　　三　资源提供者 ………………………………………… (97)
　　四　政策执行者 ………………………………………… (98)
　　五　督导管理者 ………………………………………… (99)

第二节　政府教育扶贫的运作机制……………………………（100）
　　一　结合县情落实国家教育扶贫政策……………………（101）
　　二　制定实施本地教育扶贫政策…………………………（109）
第三节　政府教育扶贫的执行体系……………………………（113）
　　一　加强组织建设…………………………………………（113）
　　二　协调部门合作…………………………………………（115）
　　三　优化资源配置…………………………………………（121）
　　四　强化行政监督…………………………………………（123）
第四节　政府教育扶贫的经验与挑战…………………………（124）
　　一　政府教育扶贫的经验…………………………………（125）
　　二　政府教育扶贫面临的挑战……………………………（126）

第六章　市场主体教育扶贫的运作逻辑……………………（131）
第一节　市场主体教育扶贫的实践领域………………………（131）
　　一　市场主体教育扶贫的方式……………………………（131）
　　二　市场主体教育扶贫的内容……………………………（133）
第二节　市场主体教育扶贫的特点与优势……………………（140）
　　一　市场主体参与教育扶贫的特点………………………（140）
　　二　市场主体教育扶贫的优势……………………………（141）
第三节　市场主体教育扶贫的现实困厄………………………（146）
　　一　经济利益与社会效益难以统一………………………（146）
　　二　扶贫能力和经验不足…………………………………（147）
　　三　政策体系尚待健全……………………………………（148）

第七章　社会组织教育扶贫的作用机理……………………（150）
第一节　社会组织教育扶贫的内容……………………………（150）
　　一　发动社会力量，筹集教育发展资金…………………（151）
　　二　实施同心工程，加强基础设施建设…………………（152）
　　三　链接社会资源，助推教育扶贫事业…………………（154）

四　加强能力建设，提升贫困人口素质 …………………………（156）
　第二节　社会组织教育扶贫的特点 ………………………………………（159）
　　一　发展型扶贫理念 …………………………………………………（159）
　　二　参与式扶贫方法 …………………………………………………（160）
　　三　专业化扶贫手段 …………………………………………………（161）
　　四　整合型扶贫资源 …………………………………………………（163）
　第三节　社会组织教育扶贫的优势 ………………………………………（164）
　　一　组织成员专业 ……………………………………………………（164）
　　二　扶贫理念先进 ……………………………………………………（165）
　　三　运作机制灵活 ……………………………………………………（165）
　　四　扶贫方式多样 ……………………………………………………（166）
　第四节　社会组织教育扶贫的行动困境 …………………………………（167）
　　一　教育扶贫自主性有待提升 ………………………………………（167）
　　二　教育扶贫能力亟待提升 …………………………………………（168）
　　三　教育扶贫可持续性尚需加强 ……………………………………（168）

第八章　教育扶贫的实践效果 ……………………………………………（169）
　第一节　多元参与：治理主体的互动 ……………………………………（169）
　　一　多主体参与 ………………………………………………………（169）
　　二　多层次互动 ………………………………………………………（170）
　　三　多方法协同 ………………………………………………………（171）
　第二节　精准实施：治理体系的构建 ……………………………………（173）
　　一　治理目标转换：从输血到造血 …………………………………（173）
　　二　治理理念创新：从外部支持到内生动力 ………………………（174）
　　三　治理机制协同：从政府包揽到多元治理 ………………………（175）
　第三节　功能优化：治理效果的整合 ……………………………………（177）
　　一　提升教育水平，推动扶贫进程 …………………………………（178）
　　二　扶智扶志结合，激发内生动力 …………………………………（180）
　　三　塑造现代意识，提高发展能力 …………………………………（181）

四　培育核心价值，提高综合素养 …………………………（183）

第九章　结论与讨论 …………………………………………（185）
第一节　基本结论 ……………………………………………（185）
一　教育不平等与贫困之间呈现出双向互动的关系…………（186）

二　教育扶贫是中国特色贫困治理体系的重要组成
部分 ………………………………………………………（186）

三　教育扶贫政策的演进契合了贫困治理范式的转变 ……（187）

四　多元主体的互动关系是教育贫困治理架构中的
核心要素 …………………………………………………（187）

五　教育贫困治理是政府、市场和社会主体协同治理的
过程 ………………………………………………………（188）

六　教育扶贫的效果是多主体协同治理的结果………………（189）

第二节　讨论 …………………………………………………（190）
一　政府如何促进市场主体、社会组织参与贫困治理 ……（190）

二　贫困治理中市场主体和社会组织的自主性建设…………（192）

参考文献 …………………………………………………………（194）

后　记 ……………………………………………………………（205）

第一章 导论

第一节 研究背景

一 消除贫困是人类社会的共同目标

贫困作为一个全球性的社会问题,直接地影响着人民的生存权利和生活质量。一直以来,缓解贫困、消除贫困都是国际社会共同的奋斗目标。贫困问题不仅阻碍经济的繁荣,更是引发了一系列社会问题与社会矛盾,影响了社会的和谐与发展。经过各国的不懈努力,全球贫困问题得到了很大的缓解。据统计,1990年,按当时一天1.25美元的标准,世界约有三分之一的人口生活在极端贫困当中。截止2016年,有10多亿人已经摆脱了极端贫困,但仍有7亿人生活在1.90美元/天的国际贫困标准线下,在最不发达的国家,则有近38%的人生活在最低贫困线以下。[1] 联合国2016年《世界社会状况报告综述》称,贫困问题是阻碍全球社会发展和人民生活质量提升的重要问题,特别是对发展中国家的社会经济发展的影响要更加严重。[2]

就我国而言,反贫困是全面建设小康社会的底线要求,是实现共同

---

[1] 联合国:《可持续发展目标:在全世界消除一切贫困》,2016年9月27日,http://www.un.org/sustainabledevelopment/zh/poverty/,2020年6月18日。

[2] 联合国经济和社会事务部:《2016年世界社会状况报告:社会排斥与歧视仍在许多国家持续存在》,2016年11月30日,https://www.un.org/development/desa/zh/news/social/rwss-launch-2016.html,2020年6月7日。

富裕的必要措施，也是促进社会经济发展的强大动力。党的十八大提出了"全面建成小康社会"的宏伟目标。全面建成小康社会，最艰巨最繁重的任务在农村、在贫困地区。党在十八届三中全会上制定了我国全面深化改革的蓝图，指出要全面深化改革，坚持把完善和发展中国特色社会主义制度、推进国家治理体系和治理能力现代化作为全面深化改革的总目标；要以促进社会公平正义、增进人民福祉为出发点和落脚点。党的十九大报告明确指出："让贫困人口和贫困地区同全国一道进入全面小康社会是我们党的庄严承诺"，"确保到二〇二〇年我国现行标准下农村贫困人口实现脱贫，贫困县全部摘帽，解决区域性整体贫困，做到脱真贫、真脱贫。"为完成"确保农村贫困人口到2020年如期脱贫"的任务，必须进一步加大扶贫工作的力度，实施精准扶贫精准脱贫方略，推进扶贫模式创新，完善、优化扶贫措施。

中国为世界反贫困工作作出了巨大的贡献。联合国2015年《千年发展目标报告》显示，中国农村贫困人口的比例从1990年的60%以上下降到了2014年的4.2%。中国对全球减贫的贡献率超过70%。[①] 但是，我国的反贫困工作仍面临着许多问题和挑战。根据2016年国民经济和社会发展统计公报的数据，按每人每年2300元的农村贫困标准计算，我国农村贫困人口数仍有4335万。[②] 另外，我国经济社会发展的不平衡现象极为严重。《中国民生发展报告2015》显示，从地域差异看，东部地区教育水平明显要高于中西部地区，其中，东部和中部的差异相对较小，东部与西部地区整体教育获得水平的差距尤其明显，比如，出生于1986年到1990年的人群中，西部地区的文盲比例为15.5%，远高于中部地区的3.2%和东部地区的2.1%。此外，西部地区受过高等教育，即获得大学及以上学历的居民比例为15.3%，而中

[①] 新华网：《2015年全世界仍有8亿多人生活在贫困之中》，2015年10月12日，http://www.xinhuanet.com/live/2015-10/12/c_1116794545.html，2020年7月14日。

[②] 国家统计局：《中华人民共和国2016年国民经济和社会发展统计公报》，2017年8月2日，http://www.stats.gov.cn/tjsj/zxfb/201702/t20170228_1467424.html，2020年9月6日。

部地区和东部地区的比例分别为25.4%与31.1%。

2013年至2016年,我国每年减少农村贫困人口超过1000万人,脱贫人口累计达5564万人,取得了举世瞩目的成就。从脱贫攻坚的顶层设计到精准识别精准帮扶,从重视资金帮扶、物质救济到重视教育扶贫、强调激发内生动力,我国的扶贫政策在不断完善。教育扶贫是脱贫攻坚的重要内容和重要方法,要充分发挥教育在扶贫脱贫中的基础性作用,通过"扶智"来斩断穷根,从根本上解决贫困问题。

二 教育不平等是中国农村贫困的重要根源

我国的贫困问题主要集中在农村地区,尤其是中西部内陆地区的农村,由于自然环境、历史文化背景等因素的限制,农耕条件差、交通不便、经济基础薄弱,形成了长期性、累积性的贫困,这种长期性、累积性的贫困加大了脱贫的难度。在这些地区,贫困带来的不良影响反映在很多方面:经济方面,由于缺乏先进的生产技术与生产工具,农业生产力低下,农产品的交易方式落后,交易渠道封闭;教育方面,受经济条件的制约,教育基础设施落后,学校容纳率不足,教育质量低下,教育发展落后。经济的落后与城乡分化的二元经济结构直接影响了教育的发展,激化了教育不平等问题。与此同时,教育不平等又在不断拉大收入分配的差距,造成一种恶性循环。数据显示,2000年,全国小升初的比例为94.9%,农村小学生升入初中的比例为80.8%。高中阶段,全国初升高的比例是51.2%,但在农村,这一比例仅为7.1%,城市学生进入高中的比例是农村学生的9.4倍。我国农村人口的平均受教育年限低于7年,全国四分之三以上的文盲、半文盲来自农村,尤其集中在西部及少数民族地区。[1]

随着全国人口平均受教育程度的提高,受教育程度的城乡差异也越

---

[1] 杨东平:《中国教育公平的理想和现实:基础教育城乡差距》,2006年10月23日,http://theory.people.com.cn/GB/49157/49166/4946896.html,2020年8月1日。

发明显,数据显示,随着受教育程度升高,农村人口所占的比例呈反比趋势下降。[①] 低教育水平一直与贫困如影相随,越是贫困的地区,教育水平越落后,人口受教育程度越低。同时,受教育不足,知识文化水平低下,又导致个人能力不足,缺乏知识和技能,在市场竞争中处于弱势,难以摆脱贫困。解决贫困地区的教育不平等问题已经到了刻不容缓的地步。

新中国成立以来,我国高度重视反贫困工作,探索出了一条具有中国特色的反贫困道路。新中国成立初期,为改变农村和农民的贫困状况,我国进行土地改革,建立计划经济体制,形成以人民公社为基础、以社会救济为典型特征的扶贫模式。改革开放初期,我国以体制改革为开端,全面实行"对内改革,对外开放",推行家庭联产承包责任制,以推动宏观经济增长的方式帮助群众脱贫,扶贫开始由救济为主转向经济发展带动扶贫。20世纪80年代中期以来,我国开始有组织、有计划、大规模地开展农村扶贫开发,先后制定实施《国家八七扶贫攻坚计划》(1994—2000年)、《中国农村扶贫开发纲要(2001—2010年)》、《中国农村扶贫开发纲要(2011—2020年)》等扶贫规划,实施大规模扶贫行动,全面改善贫困地区生产生活条件,促进贫困地区经济发展,帮助农村贫困人口摆脱贫困。党的十八大以来,党中央把扶贫开发摆到治国理政的重要位置,提升到事关全面建成小康社会、实现第一个百年奋斗目标的新高度,纳入"五位一体"总体布局和"四个全面"战略布局进行决策部署。党的十八届五中全会提出了贫困人口全部脱贫、贫困县全部摘帽的目标任务。中央召开扶贫开发工作会议,中共中央、国务院印发《关于打赢脱贫攻坚战的决定》,对"十三五"时期脱贫攻坚做出全面部署。在此背景下,彻底缓解贫困问题、推动城乡教育均衡发展、缓解和消除贫富分化、维护社会和谐发展成为我国政府努力的目标。

---

① 朱健、徐雷、王辉:《教育代际传递的城乡差异研究——基于中国综合社会调查数据的验证》,《教育与经济》2018年第6期。

我国的扶贫模式由以前单向的、大水漫灌式的救济式扶贫向更加精确、更有针对性的精准扶贫转变。如何精准扶贫精准施策，如何调查扶贫对象的主动性、能动性、自主性，如何提高贫困人口的参与意识和发展能力，如何提升贫困人口的内生动力，成为打赢脱贫攻坚战的关键。

三 教育扶贫是脱贫攻坚的治本之策

党的十八大以来，习近平总书记高度重视扶贫开发工作，从治国理政的高度提出了一系列扶贫新思想、新思路，对脱贫攻坚任务做出了重要指示，明确了新时期扶贫开发工作的指导方针、目标任务、总体要求，发出了打赢脱贫攻坚战的动员令。

2013年7月，国务院办公厅转发教育部《关于实施教育扶贫工程的意见》，明确规定，要加快教育发展和人力资源开发，实现"教育对促进群众脱贫、增收、促进社会经济发展等方面的作用得到更有力的发挥"。2015年12月，《中共中央国务院关于打赢脱贫攻坚战的决定》要求尽快"落实教育扶贫工程的实施，保障贫困地区教育质量，保证贫困人口平等受教育的权利，阻断贫困代际传递"。

2016年12月，《教育脱贫攻坚"十三五"规划》颁布。作为"十三五"时期教育扶贫工作的行动纲领，《规划》提出了"一个目标、两个重点、五大教育群体、五项重点任务"，明确提出了教育扶贫的目标是发展学前教育，巩固提高义务教育，普及高中阶段教育，要求"到2020年，贫困地区教育总体发展水平显著提升，实现建档立卡等贫困人口教育基本公共服务全覆盖"，实现贫困地区"人人有学上、个个有技能、家家有希望、县县有帮扶"。

习近平总书记高度重视教育扶贫工作，提出了"扶贫先扶智"的理念，确定了教育扶贫在扶贫中的基础性地位和先导性作用。在2015年中央扶贫开发工作会议上，习近平提出，把"发展教育"作为精准扶贫"五个一批"的重要内容。2016年9月，习近平再次指出："要推进教育精准脱贫，重点帮助贫困人口子女接受教育，阻断贫困代际传递，让每一个孩子都对自己有信心，对未来有希望。"① 在中共中央政治局第三十九次集体学习时，习近平强调要加大力度落实教育扶贫，突出解决贫困地区青少年上学难的问题，将教育扶贫放到了扶贫工作的重要位置。

教育扶贫既是脱贫攻坚的治本之策，也是"三不愁两保障"的重要目标之一。党的十九大报告明确提出："建设教育强国是中华民族伟大复兴的基础工程，必须把教育事业放在优先位置，加快教育现代化，办好人民满意的教育。"报告强调，要"坚决打赢脱贫攻坚战"，要"坚持大扶贫格局，注重扶贫同扶志、扶智相结合"②。"治贫先治愚"，决定了教育扶贫在脱贫攻坚战中的基础性地位和先导性作用。通过教育扶贫，能够有效激发贫困地区和贫困人口的内生动力，提高贫困地区和贫困人口的发展能力，从根本上阻断贫困的代际传递。

第二节 文献综述

一 贫困与反贫困研究

（一）贫困的界定

由于贫困的复杂性和差异性，学界对贫困有不同的界定标准。随着社会的发展，贫困的概念也在不断地拓展。

贫困最基本的界定方法是把经济状况作为衡量单位，以能维持生活的最低基本所需为测量标准。1901年，英国的朗特里（Benjamin Seebohm Rowntree）在《贫穷：对城市生活的研究》（Poverty：A Study of Town Life）中，首先提出将收入作为贫困标准的测量工具，即如果一个家庭的总收入不能获得维持体能所需的最低限度及数量的生活必需品，那么该家庭就处于贫困状态。国家统计局的贫困研究课题组认为，贫困

---

① 中共中央党史和文献研究院编：《习近平扶贫论述摘编》，中央文献出版社2018年版，第139页。
② 习近平：《决胜全面建成小康社会，夺取新时代中国特色社会主义伟大胜利》，人民出版社单行本2017年版，第47—48页。

是个体或家庭的生活水平达不到社会可接受的最低标准，其拥有的生活资料与可享受到的服务难以维持生计。[①] 当然，贫困不仅表现为物质不足，也表现在教育、文化等精神层面的缺乏。康晓光在此定义基础上加入了文化因素，认为贫困是一种生活状态，在这种状态下的人无法维持正常生理需要和接受社会文化的生活水准。[②]

有一些学者从社会制度、社会结构的视角来阐释贫困。马克思主义从社会阶层冲突角度来解释贫困，认为贫困来自上级阶层对底层人民的压迫和各阶层间生产资料占有的不平等。伦斯基指出，贫困者陷入贫困的原因是他们所占有的生产资料十分稀少。[③] 还有学者从机会和能力的角度给贫困下定义，将贫困人群自身能力的缺乏及能力不足导致的机会缺乏纳入贫困之中，认为贫困定义的出发点应是能力不足，贫困被视为基本可行能力被剥夺。[④] 世界银行在其发展报告中提出，贫困的原因是"缺少达到最低生活水平的能力"[⑤]。唐均总结了贫困的三个层面，分别是"落后与困难的生活状态"，"一种公认低于最低生活水准的社会评价"，以及"手段、能力以及机会的缺乏"[⑥]。这些观点都是以社会因素为指标对贫困进行定义和分类的，这些研究拓宽了贫困的内涵。

学者们将贫困分成绝对贫困与相对贫困两大类，其中，绝对贫困建立在"维持生存"这一基础条件之上，也就是人们能延续生命所需的最低条件[⑦]，而相对贫困则不仅仅将基本生存需求当成衡量贫困的唯一

[①] 国家统计局《中国城镇居民贫困问题研究》课题组：《中国城镇居民贫困问题研究》，《统计研究》1991年第6期。

[②] 康晓光：《中国贫困与反贫困理论》，广西人民出版社1995年版，第2—3页。

[③] ［美］格尔哈特·伦斯基：《权利与特权：社会分层的理论》，关信平等译，浙江人民出版社1988年版，第400页。

[④] 许汉泽、李小云：《深度贫困地区产业扶贫的实践困境及其对策——基于可行能力理论的分析》，《甘肃社会科学》2019年第3期。

[⑤] 世界银行：《2000/2001年世界发展报告》，中国财政经济出版社2001年版，第35页。

[⑥] 唐均：《中国城市居民贫困线研究》，上海社会科学院出版社1998版，第17页。

[⑦] Pete Alcock, "Understanding Poverty: A Guide to Concepts and Measures", *Journal of Social Policy*, 1993, 22 (4).

因素，它更关注人们的收入差距，同时还包括与其他社会群体为参照物的感受以及相对剥夺的社会心态。[1] 李强[2]、谭礼剑[3]、霍艳丽[4]、顾昕[5]、陈宗胜[6]、王小林[7]（2013）等人分别对绝对贫困和相对贫困做出定义与解释：绝对贫困是以绝对的数据化指标去测量的，即"低于最低物质生活水准的一种生活状况"，反映的是生存性的贫困状态；而相对贫困则是与社会上其他人相比，有一部分人处于物质或精神相对缺乏的状态，反映的更多是社会群体之间资源分配不均的问题。[8]

（二）反贫困研究

在与贫困作斗争的过程中，专家学者们进行了长期的探索和研究，从不同的角度总结出一系列反贫困的理论与策略。20世纪60年代，缪尔达尔在《世界贫困的挑战——世界反贫困大纲》中，首次提出"反贫困"（Anti-Poverty），并将这一概念引入消除贫困的工作中来。[9] 在我国，更多使用的是减贫（Poverty Reduction）和扶贫（Support Poverty）的概念，但其本质和目的都是通过一定的手段最终缓解和消除贫困问题。

1. 国外研究

一些学者运用经济学的视角，提出通过拉动区域经济增长的方法来消除贫困现象。罗森斯坦-罗丹提出了"大推进理论"，阐明了经济发展中的三种"不可分性"，即基础设施的不可分性、储蓄的不可分性和

---

[1] CHAMBER R., "Poverty and livelihood: whode reality counts?", *Economic Review*, 1995 (11).
[2] 李强：《绝对贫困与相对贫困》，《中国社会工作》1996年第5期。
[3] 谭礼剑：《绝对贫困和相对贫困》，《四川统一战线》2008年第13期。
[4] 霍艳丽、童正容：《从制度因素视角分析我国的相对贫困现象》，《技术与市场》2005年第4期。
[5] 顾昕：《贫困度量的国际探索与中国贫困线的确定》，《天津社会科学》2011年第1期。
[6] 陈宗胜、沈扬扬、周云波：《中国农村贫困状况的绝对与相对变动——兼论相对贫困线的设定》，《管理世界》2013年第1期。
[7] 王小林、张德亮：《中国城市贫困分析（1989—2009）》，《广西大学学报》（哲学社会科学版）2013年第2期。
[8] 李强：《绝对贫困与相对贫困》，《中国社会工作》1996年第5期。
[9] ［瑞典］冈纳·缪尔达尔：《世界贫困的挑战——世界反贫困大纲》，顾朝阳等译，北京经济学院出版社1991年版，第6—7页。

需求的不可分性，提出国家需要全面大规模地投资，以此大幅度地拉动经济，帮助国家经济重启和快速发展。① 纳尔逊的"低水平均衡陷阱理论"认为，发展中国家经济落后的主要原因是人均收入低、资本投入不足，要打破这样的"低水平均衡陷阱"，就必须通过投资拉动资本的形成和产出。②

还有一些理论着眼于区域发展不均衡的问题，其主要观点是，发展中国家或经济落后地区更应该集中资源优先发展部分产业。增长极理论（Growth Pole Theory）是法国经济学家佩鲁提出的，他认为经济的增长首先出现在某些增产点和极点上，提倡优先发展这些极点（如主要城市、沿海地区、资源优势地区等），再通过这些增长极辐射到其他区域。赫希曼建议，发展中国家更应该优先发展部分有潜力和前景的产业，将有限资源最大化地利用，再逐步扩大产业范围，他同时强调政府在拉动经济消除贫困的工作中应发挥重要作用。③ 刘易斯则提出二元结构发展模式，分析发展中国家二元经济结构的矛盾，提出利用城市相对较高的收入，来吸收农业和农村的剩余劳动力，促进劳动力的转移，充分利用人力市场资源，以此带动经济增长。④ 综合来看，以各种形式的资本投入带动经济增长的方式是早期反贫困理论的主流，但这一方式过于注重外部资本的投入，忽略了农村地区的均衡发展，并不符合大部分发展中国家的国情。

马克思主义反贫困理论则从制度的角度建立了反贫困的理论体系，认为贫困的根源是由社会制度决定的，其本质是资本主义制度下资产阶级对无产阶级的剥削和压迫。⑤ 马克思认为，当前社会的贫困问题一切

---

① Rosenstein-Rodan, Paul, "Problems of Industrialization of Eastern and South-Eastern Europe", *Economic Journal*, Vol. 53, No. 210/211, 1943, pp. 202-11.

② Nelson, Richard R., "A Theory of the Low-Level Equilibrium Trap in Underdeveloped Economies", *The American Economic Review*, 46, No. 5, 1956, pp. 894-908.

③ [美] 艾伯特·赫希曼：《经济发展战略》，曹征海等译，经济科学出版社1991年版，第71页。

④ Lewis, William Arthur, "Economic development with unlimited supplies of labour", The Manchester School, 1954, pp. 139-191.

⑤ 马克思恩格斯：《马克思恩格斯选集》第一卷，人民出版社2012年版，第67页。

都源自资本主义这一不合理的社会制度。马克思主义反贫困理论的目标就是通过消灭资本主义私有制和剥削,促进生产力的发展,消灭贫困,实现人类的共同富裕。①

国外反贫困研究为我国反贫困工作提供了许多值得参考的观点,马克思主义反贫困理论为我国反贫困事业提供了指导。但贫困是一个复杂的社会问题,一些基于资本主义制度和西方国家社会背景的理论并不一定适合我国国情,更不能简单照搬到国内反贫困的实践中。

2. 国内研究

在国外研究的基础上,我国学术界根据我国的社会背景,包括历史背景、政治制度、经济环境、产业发展等因素,对国外的反贫困经验进行了一系列本土化的改造,探索和总结了一系列符合我国特有国情的反贫困理论和实践方法。

在反贫困方面,我国学者从理论、政策等不同角度出版了一批有总结性和创新意义的著作,如《中国贫困与反贫困理论》(康晓光,1995)、《中国反贫困研究》(朱凤岐,1996)、《中国反贫困:经济分析与机制设计》(程丹峰,2000)、《反贫困新论》(陈浩,2001)、《中国反贫困:理论、方法、战略》(黄承伟,2002)、《中国农村反贫困与政府干预》(刘冬梅,2003)、《贫困经济学研究》(叶普万,2004)、《中国农村贫困与反贫困问题研究》(王雨林,2008)、《中国西部农村反贫困战略模式研究》(赵曦,2009)等,相关论文更是不计其数,理论视角涵盖了经济学、社会学、政治学、管理学、人类学等多种学科,这些研究对中国特色的反贫困战略和机制做了十分广泛和全面的探索和总结,对我国反贫困理论的体系构建作出了重要贡献。

总的来说,我国的反贫困研究大都针对农村地区的贫困问题,理论基本源于经济学和社会学。随着社会的发展,越来越多的学者开始进行符合我国国情的本土化贫困研究,研究的深度和广度在不断地拓展。

---

① 李少荣:《马克思主义反贫困理论的发展及其指导意义》,《理论探讨》2006年第1期。

二 教育不平等与贫困的关系研究

(一) 国外相关研究

皮埃尔·布迪厄 (Pierre Bourdieu) 将资本的形态分为三类, 分别是经济资本、文化资本和社会资本。他在《文化再制与社会再制》一书中, 将文化资本界定为"任何与文化有关的物质或精神的资产", 包括借助于不同的教育行动 (包括传播式教育、家庭教育、制度化教育) 来传递的文化物品。经济资本是所有资源中最基础也是最有效力的资本形式, 其他社会资源如社会资本、文化资本等都建立在经济资本的基础之上。经济资本不仅包括物质资本, 也包括自然资本、金融资本等形式。布迪厄表示, 文化资本可以转换为经济资本, 其再生产方式主要是早期家庭教育和学校教育。教育不仅是打破贫困现象的工具, 其本身也是一种资本的形式。布迪厄从文化的角度来解释教育系统对社会结构重构的影响, 认为教育机会不平等的决定性因素是文化资本分配不均所导致的文化障碍, 它有时甚至比经济障碍更难逾越。

有关教育不平等与收入分配的关系研究, 舒尔茨 (Schultz)[1]、奇斯威克 (Chiswick)[2]、贝克尔 (Becker)[3] 发现, 人口平均受教育水平、教育程度和教育分布情况都会影响收入的分配结果。贝纳布 (Benabou)、阿基翁 (Aghion) 运用收入再分配的理论视角, 探讨了教育资源的分布问题, 并得出结论: 再分配政策有利于缓和收入分配不均的问题, 并在很大程度上影响人们对教育的投资。[4]

---

[1] Schultz, T. W., "Capital Formation by Education", *Journal of Political Economy*, Vol. 68, No. 12, 1960, pp. 571–583.

[2] Chiswick, B. R., "Earnings Inequality and Economic Development", *Quarterly Journal of Economics*, Vol. 85, 1971, pp. 21–39.

[3] Becker, G. S., *Human Capital: a Theoretical and Empirical Analysis with Special Reference to Education*, Second Edition, New York: National Bureau of Economic Research, 1975.

[4] Aghion, P., Growth, *Inequality and Globalization: Theory, History and Policy*, Cambridge University Press, 1998.

具体来看,教育与贫困的关系主要有以下几个理论来源:

贫困文化论:刘易斯(Oscar Lewis)认为,穷人封闭式的社会交往环境使他们与社会其他阶层的人群形成了生活习惯、交往方式等文化上的壁垒,并孕育出一种贫困亚文化。这种贫困亚文化是脱离社会主流文化之外的,它通过穷人"圈内"的交往而不断加强,并且被制度化。刘易斯还强调,在这种贫困亚文化环境中成长的穷人子女也会自然地习得贫困文化,使这种文化以家庭为单位传递给下一代。1968年,瑞典经济学家缪尔达尔(Muir Dahl)在其所著《亚洲的戏剧——南亚国家贫困问题研究》中指出,现代制度中存在着效率低下、教条化规则和各种不平等,这些是以南亚为代表的发展中国家长期性贫困的主要原因,必须通过改善权力关系、改革土地关系和创新教育体制等一系列综合改革,来促进社会形成正常的、良性循环的发展趋势。刘易斯和缪尔达尔在论述贫困原因时,不约而同地强调贫困文化、落后的观念会导致贫困的延续,教育的不平等更是加剧贫困代际问题的核心原因,贫困家庭的子女很难有机会和条件接受优质的高等教育,这导致其子女也难以摆脱贫困。

人力素质贫困论:20世纪60年代,美国学者舒尔茨(Schultz)发表了题为"人力资本投资——一个经济学家的观点"的演说,指出,现代经济发展的关键既不取决于自然资源储备的丰富程度,也不取决于资本储蓄和资本投入的多少,而是取决于人和劳动力的质量。他认为,贫困地区落后的主要原因并不是物质与资源的缺乏,而是该地区人口的平均素质低下,人口素质的低下直接影响了区域经济的可持续发展。培育具备先进技能的人才,推动教育发展的政策实施,对推动长期性的经济增长、促进收入平等有着积极作用。[①] 因此,要发展经济、消除贫困,在教育上的同步投入必不可少。

[①] Rehme, Günther., "Education, economic growth and personal income inequality across (rich) countries.", https://papers.ssrn.com/sol3/papers.cfm?abstract_id=324906, 2002.

还有一些学者对教育的回报率问题进行了专门的研究，以阐释不同的教育与其可得到的回报（包括经济、地位、社会认同等方面）之间的关系①。他们将教育看成一种投资的类型。和传统意义上的投资一样，教育投资也需要一定的经济能力作为后盾，投入越多，收到回报的可能性就越大，这也从侧面反映出经济条件与教育资源分配的关系。

一些学者把人力资源和人力素质因素放到影响国家经济的重要位置，明确指出文化作为一种资本对社会的影响。他们通过模型分析了教育与财产分配之间的关系，肯定了教育的反贫困功能。作为教育研究与贫困研究的前沿，国外学者的探索与经验为我国的教育扶贫研究提供了有益的参考与启示。

(二) 国内相关研究

随着时代的发展，劳动力的质量对收入水平的影响不断加大，平均受教育程度逐渐成为影响家庭收入的主导因素，反过来说，受教育程度的低下成了当今贫困的重要原因之一。众多研究发现，贫困现象的根源是资源分配的不平等，而教育作为最主要的人力资本投资手段，其差异影响到劳动生产率，并直接反映到人们的收入差异上。② 同时，教育作为文化资源和文化资本的重要组成部分，其分配的失衡进一步扩大和加深了其他资源的分配差距，加剧了贫困现象。在我国，教育资源间的城乡差距尤为突出，特别是在中等教育阶段，升学的城乡差距从20世纪70年代末的1.9倍，上升到21世纪的3.9倍③，深刻反映了我国教育不平等问题的严重程度。

在国外学者研究的基础上，我国学者对教育不平等研究进行了本土化的改进和创新，同时也结合我国的实际情况提出了一些新的见

---

① Psacharopoulos, G. and M. Woodhall, *Education for Development*, New York, Oxford University Press, 1985.
② 张海峰：《城乡教育不平等与收入差距扩大——基于省级混合截面数据的实证分析》，《山西财经大学学报》2006年第4期。
③ 李春玲：《教育不平等的年代变化趋势（1940—2010）——对城乡教育机会不平等的再考察》，《社会学研究》2014年第2期。

解。陈玉宇、王志刚、魏众通过研究我国工资收入分配的变化趋势，发现在 1995—1999 年我国城镇居民的收入分配中，教育与工资的相关性有所增加，教育的回报率也在很大程度上影响了人们的收入，这种变化趋势表明，解决教育不平等能缓解工资收入的不平等。① 白雪梅分析了我国教育与收入不平等的成因，认为中国的教育与收入不平等是教育扩展的结构效应与工资压缩效应相互作用的结果。教育扩展的结构效应表现为收入不平等程度的扩大，教育程度与收入分配不平等之间存在稳定且密切的关系。与许多国外研究的结论相同，她认为中国教育的不平等程度和收入不平等程度之间呈正相关的关系，教育不平等程度越深，收入不平等现象也就越严重。② 陈钊等也在研究中指出造成中国区域收入差异的重要因素之一是教育发展水平的不平衡。在对教育不平等的研究视角上，我国的研究主要集中在探讨市场转型与教育分层的关系和通过最大化维持不平等（MMI）理论来检验教育扩张的影响两个方面。③

郭丛斌、闵维方根据我国情况研究讨论了家庭经济条件对子女教育机会的影响，解释了贫困的代际传递问题。他们指出，父母拥有丰厚的经济条件与物质资本便意味着他们对子女的教育投入更多，能给子女提供充足、优质的教育，并保证其子女在教育以及各种相关资源竞争中占有优势、取得先机。基于对文化资源的占有情况，拥有较多文化资本的父母，通常也会更加重视子女的教育质量以及受教育的状况，能为子女提供更多更好的教育资源。④ 有研究表明，目前，教育投资的成本（学费等）在不断增加，教育成本的上升加大了农村贫困人口的负担，增

---

① 陈玉宇、王志刚、魏众：《中国城镇居民 20 世纪 90 年代收入不平等及其变化——地区因素、人力资本在其中的作用》，《经济科学》2004 年第 6 期。
② 白雪梅：《教育与收入不平等：中国的经验研究》，《管理世界》2004 年第 6 期。
③ 吴晓愈：《中国城乡居民的教育机会不平等及其演变（1978—2008）》，《中国社会科学》2013 年第 3 期。
④ 郭丛斌、闵维方：《家庭经济和文化资本对子女教育机会获得的影响》，《高等教育研究》2006 年第 11 期。

加了他们享受优质教育资源的难度。① 刘精明和李煜研究了不同升学阶段的教育不平等现象及其影响因素，发现父母所拥有的文化资本对于其子女各阶段的升学概率皆有影响。② 刘守义、王春禄、韩惠鹏等对农村家庭教育投资的投入、期望、选择等进行了分析，认为只有当家庭经济达到相对水平以上时，家庭才会增加对教育的投入。③ 此外，有研究表示贫困家庭子女获得学士学位或其他类似资质的可能性仅为一般人的三分之一。④ 贫困文化也影响着贫困家庭子女的受教育情况，以农民工子女在学校接受教育的影响为例，家庭文化资本匮乏、盲目的教育决策、家庭与学校教育无法形成合力、"读书无用论"泛滥和教育投入不足等都是农民工子女在受教育过程中常遇到的问题。⑤

除了经济环境和家庭内部因素外，牛利华还讨论了其他可能导致教育贫困的因素，包括某些地区"读书无用论"的滋长、政府将教育经费挪为他用、社会救助不力、国家的教育投入重心过于偏向高等教育等。⑥ 朱伟珏运用社会学分析框架从"文化的再生产"、"教育的选择与自我选择"、"文化再生产与学校实践"等多个方面分析了我国教育不平等的问题，验证了文化资本和文化再生产理论对我国教育问题研究的重要意义。⑦

综合来看，教育不平等是我国当前收入差距扩大的重要原因。根据贫困的发展机制，贫困人口因综合素质较低，市场竞争力低，难以获得

---

① 戚谢美、管晓怡：《国家助学贷款的政策学分析》，《浙江大学学报》（哲学社会科学版）2004年第4期。
② 刘精明：《中国基础教育领域的机会不平等及其变化》，《中国社会科学》2008年第5期；李煜：《制度变迁与教育不平等的产生机制——中国城市子女的教育获得（1966—2003）》，《中国社会科学》2006年第6期。
③ 刘守义、王春禄、韩惠鹏：《农村家庭经济状况对家庭教育投资行为影响的研究》，《会计之友》2009年第1期。
④ 杨海蛟、武正国：《机遇与挑战：改革开放进程中的中国公共管理》，世界知识出版社2013年版，第306页。
⑤ 李微：《农民工贫困文化对子女学校教育的影响探微》，《教育观察》2013年第2期。
⑥ 牛利华：《教育贫困与反教育贫困》，《学术研究》2006年第5期。
⑦ 朱伟珏：《一个揭示教育不平等的社会学分析框架》，《社会科学》2006年第5期。

高收入。贫困人口综合能力水平较低与其贫困的现状互为因果,这两者之间形成一种非良性的、不断恶化的循环效应。要彻底从根本上消灭贫困,就必须通过教育对贫困人口进行综合素质的强化和改造,以斩断这种恶性循环的链条。[1]

三 教育与反贫困研究

教育与反贫困间的关系通常具有两个方面的内涵,一是反教育贫困,一是通过教育反贫困,也称为教育扶贫,两者是互为表里、相辅相成的关系。教育贫困指的是低于最低限度教育标准的状态,主要表现为教育不平等造成的教育资源缺乏和教育质量低下[2],反教育贫困是通过一定手段缓解、消除教育贫困,保障每个人平等的受教育权利。而教育扶贫指的是对贫困地区进行教育投入,改善教育环境,帮助贫困人口掌握脱贫致富的知识和技能,提高当地群众的文化素养和个人能力,促进当地经济产业和科学文化的共同发展,最终帮助该地区摆脱贫困的一种扶贫手段。[3]

众多研究表明,教育是具有反贫困功能的,马克思在《资本论》中就强调教育对提高个人能力素质的重要性,提出了"教育会生产劳动能力"的重要论断。在我国的反贫困政策方面,从《国家八七扶贫攻坚计划(1994—2000年)》《中国农村扶贫开发纲要(2001—2010年)》,到《中国农村扶贫开发纲要(2011—2020年)》《"十三五"脱贫攻坚规划》,教育扶贫在我国反贫困工作中的重要地位逐渐凸显。习近平2012年在河北考察扶贫工作时明确指出:"治贫先治愚,要把下一代的教育工作做好,特别是要注重山区贫困地区下一代的成长。下一代

---

[1] 向雪琪、林曾:《改革开放以来我国教育扶贫的发展趋向》,《中南民族大学学报》(人文社会科学版)2018年第3期。
[2] 向雪琪:《教育扶贫的维度及其政策意蕴》,《中国农业大学学报》(社会科学版)2020年第5期。
[3] 谢君君:《教育扶贫研究述评》,《复旦教育论坛》2012年第3期。

要过上好生活,首先要有文化,这样将来他们的发展就完全不同。义务教育一定要搞好,让孩子们受到好的教育,不要让孩子们输在起跑线上。古人有'家贫子读书'的传统。把贫困地区孩子培养出来,这才是根本的扶贫之策。"①

赵红霞、谢洪荣总结了教育扶贫的三大功能:第一,能促进贫困地区人口的素质能力发展,消除贫困的代际传递;第二,可以促进我国各地区教育的均衡发展;第三,通过贫困地区教师培训、城镇辐射和政策倾斜等措施,可以提高师资力量与教育质量。② 教育既是扶贫的目标,也是扶贫的手段,在反贫困过程中,不仅要"扶教育之贫",还要进一步地"依靠教育扶贫",让教育和扶贫协同联动起来。③

可以看出,经济的不平等与教育的不平等间存在着互相影响、相互作用的关系,通过改善教育不平等的状况来消除经济发展的差距是改变贫困状况的有效途径。许多发展中国家经济发展缓慢就是因为教育水平的严重不平衡,因此,需要进一步加大对教育的投入来改善教育发展失衡的问题。研究发现,在贫困现象严重、失学率较高的地区,只要较少的投入,就能让教育水平有很大程度的提高。而在经济相对发达、贫困程度较轻的地区,则应该继续扩大教育机会,并根据不同经济状况的人群提供相应的教育政策与服务。政府要更加重视和加大初等教育的投入,避免很多人一开始就被门槛拦在门外。同时也要多加重视教育的公平问题,如对女性的教育等。④

---

① 中共中央党史和文献研究院编:《习近平扶贫论述摘编》,中央文献出版社2018年版,第131—132页。
② 赵红霞、谢红荣:《义务教育均衡发展中的精准扶贫研究》,《湖南大学教育科学学报》2016年第9期。
③ 刘军豪、许锋华:《教育扶贫:从"扶教育之贫"到"依靠教育扶贫"》,《中国人民大学教育学刊》2016年第2期。
④ Psacharopoulos, G. and M. Woodhall, *Education for Development*, New York, Oxford University Press, 1985.

从我国的社会现实来看，我国的教育水平相较于发达国家仍处于发展的初级阶段，尤其是受过高等教育的人口所占比例较低。根据2003年《中国教育与人力资源报告》，2000年中国25—64岁人口平均受教育年限为7.97年，其中，受过高等教育的人口比例为5%，远低于同期发达国家的平均受教育年限与高学历人口比例。用人力资本理论的"结构效应"来解释，这一数据说明：随着平均受教育年限的增加，受过高等教育的居民和未受过高等教育的居民之间的差距越来越大，而教育程度差距的扩大直接影响到个人的收入差距。因此中国目前的状况是居民整体受教育水平的提高不仅没有缩小收入差距，反而使其悬殊更大。[1]

王小鲁、樊纲通过对我国城镇居民的人均教育水平进行研究发现，人均教育水平影响收入差距，我国目前教育，尤其是学龄阶段教育发展是不平等的，居民的受教育机会也相去甚远，其中，高收入人群的教育机会远大于贫困人口和低收入人群，这一现象加剧了收入分配的不平等问题。[2] 陈钊、陆铭、金煜用实证调查表明我国各地区教育水平的不平等是区域间平均收入差距的重要原因之一，教育的均等化发展对缩小地区间收入差距有着明显促进作用。[3] 杨俊、黄潇、李晓羽表示，在我国除了扩大教育投入、通过教育扩张来改善教育和收入不平等问题外，还要针对教育投入结构不合理、城乡教育回报率差距大等问题进行一些政策上的调整和引导。[4] 孟照海认为实现教育扶贫，必须关注学校教育结构的变革，要根据贫困学生的心理和文化特征，重新设计学校教育的目标、内容和方法，通过教育供给侧的结构性改革为"寒门出贵子"创

---

[1] 贺青、张虎：《教育不平等对收入差距扩大的动态影响分析》，《统计与决策》2015年第7期。
[2] 王小鲁、樊纲：《中国收入差距的走势和影响因素分析》，《经济研究》2005年第10期。
[3] 陈钊、陆铭、金煜：《中国人力资本和教育发展的区域差异：对于面板数据的估算》，《世界经济》2004年第12期。
[4] 杨俊、黄潇、李晓羽：《教育不平等与收入分配差距：中国的实证分析》，《管理世界》2008年第1期。

造有利条件。① 张琦总结了新时代教育扶贫的内涵,认为教育扶贫的本质属性是公平性和益贫性兼顾,需要通过内外两方面的融合,构建可持续发展的原动力,达到成功扶贫、稳定脱贫的目标。② 殷巧呼吁开放教育精准扶贫资金的筹集渠道,并在此基础上建立严格的资金专款专用制度,以此解决教育扶贫资源不足的问题。③

此外,许多研究者特别提出了职业教育的重要性,孙奎立等认为,职业教育与精准扶贫的理念相契合,能为教育对象生存能力的发展提供保障,还能提高其获得信息的能力及多样性。④ 我国现有的教育扶贫大多侧重于基础教育,对职业教育的重要性有所忽视,在今后的工作中,需要加强对职业教育,特别是贫困地区职业教育的政策支持,完善职业教育和培训扶贫的相关法规,明确各部门的考核标准,才能更加精准全面地开展教育反贫困工作。⑤

四 研究评述

国内外现有的研究已经对贫困与教育之间的关系做了相对系统的阐释,但仍存在一些不足之处,其表现为:(1)既往研究虽然讨论了教育不平等与贫困之间互为因果的关系,但对通过教育来实现反贫困目标的讨论并没有深入,研究者的侧重点多在于对具体教育扶贫模式进行研究,而较少涉及教育扶贫本身。(2)很多研究都是建立在发达国家的实践与经验的基础之上,对我国农村教育贫困的实际情况考察不够,不贴近中国国情。(3)目前许多研究运用单一的经济学、社会学或教育

---

① 孟照海:《教育扶贫政策的理论依据及实现条件——国际经验与本土思考》,《教育研究》2016年第11期。
② 张琦、史志乐:《我国教育扶贫政策创新及实践研究》,《贵州社会科学》2017年第4期。
③ 殷巧:《教育扶贫:精准扶贫的根本之道》,《社会治理》2016年第5期。
④ 孙奎立、谭灵芝:《职业教育对精准扶贫的意义——基于能力理论视角》,《当代职业教育》2007年第5期。
⑤ 郭广军、邵瑛、邓彬彬:《加快推进职业教育精准扶贫脱贫对策研究》,《教育与职业》2007年10期。

学视角，综合性研究和系统性研究较少，整体理论构架相对单薄，研究的广度与深度有待拓展。（4）研究方法上，过于依赖大规模抽样调查数据和宏观统计资料，对教育扶贫的具体实施和其操作性的研究欠缺，对具体案例的分析不足，研究参与不够充分和深入，针对教育扶贫政策及效果评估的研究较少。

第三节 研究对象

一 研究对象的选取

DF县是一个典型的贫困县。2014年，全县有184个贫困村，20.6万贫困人口。2016年，全县110万人口中有18.16万人是建档立卡的贫困人口。DF县内地形以山地为主，地势复杂，交通不便。DF县是少数民族聚居地区，全县18个民族乡内居住着二十余个民族，是我国边远山区和少数民族区域贫困的代表地区之一。选取DF县作为研究对象，不仅因为DF县教育贫困问题突出，更重要的是，DF县在教育扶贫中取得了重要的成绩。一方面，在"扶教育之贫"方面，DF县成效突出，涌现了一批扶贫先进个人与典型案例；另一方面，在"用教育扶贫"方面，DF县探索出了一系列有效方法，打造了一些特色品牌，取得了良好的效果。

1. DF县基本概况

贵州省地处我国西南地区东南部，为典型多山地区，其中92.5%的面积为山地和丘陵，素有"八山、一水、一分田"之说。长期以来受自然地理条件限制、基础设施薄弱等因素影响，贵州是我国贫困问题最突出的欠发达省份。截至2011年底，按2300元扶贫标准，贵州有贫困人口1149万人，贫困发生率33%，占全国近9.4%。[①] 2014年，贵

[①] 林晖、周芙蓉：《党报称扶贫标准大幅提高后我国贫困人口增一亿》，《人民日报》2012年6月24日。

州省人均GDP为26414.70元，低于全国平均水平（46531.20元）43%，位列全国倒数第一；农村居民人均可支配收入6671元，仅相当于全国的63%，位列全国倒数第二。按照人均2300元的贫困标准，2014年全省仍有623万农村贫困人口，属全国贫困人口最多、贫困面最大、贫困程度最深的省份。

贵州省BJ市位于贵州西北部，东临黔西，地处四川、云南、贵州三省的交界地带，属于云贵高原乌蒙集中连片贫困区，是我国贫困人口最多的地级市。DF县位于贵州省西北部，BJ地区中部，乌江支流六冲河北岸，大娄山西端，全县总面积为3505.29平方公里，占BJ地区面积的13.05%、贵州省总面积的2%。县境大部分海拔在1400—1900米之间，属中山地貌类型，森林覆盖率达45.98%，自然环境保护良好。

DF县历史悠久，早在商周时代就有居民定居，民国三年大定县设立，1949年大定县解放，并成立了人民政府。1958年，大定县更名为DF县。截至2017年底，全县共辖10个镇，26个乡（其中18个民族乡），有367个村民委员会和22个社区居委会。根据2000年11月1日的第五次人口普查，县内登记人口851721人，汉族人口占66.98%，少数民族人口占33.02%（其中：彝族10.83%，苗族6.17%，白族5.31%，蒙古族1.78%，仡佬族0.77%，布依族0.62%，未识别民族7.09%）。2008年全县总人口中，汉族683559人占总人口66.98%，少数民族人口348778人占33.02%，其中：彝族112009人占10.85%，苗族63489人占6.15%，白族55230人占5.35%，蒙古族19615人占1.9%，仡佬族8258人占0.8%，布依族7020人占0.68%，未识别民族73295人占7.1%。

2. 经济状况

根据国家统计局DF调查队组织的社会经济调查结果，2015年DF县农村居民的人均可支配收入为6974元，与前一年相比增长11.4%；城镇居民人均可支配收入为22320元，同比增长8.9%。表1.1显示的是 DF 县内实地调研所涉及乡镇的相关数据。

2017 年，DF 县初步预计完成地区生产总值 199.2 亿元、增长 12%；500 万元以上固定资产投资 168.8 亿元、增长 20%；财政总收入 26.88 亿元、下降 10.56%，其中，一般公共预算收入 7.5 亿元、增长 10.29%；一般公共财政预算支出 50.28 亿元、增长 9.9%；规模以上工业增加值 39 亿元、增长 12%；社会消费品零售总额 31.08 亿元、增长 13.1%；金融机构存、贷款余额分别达 211.75 亿元、114.03 亿元，分别增长 21.51%、24.89%；城镇常住居民人均可支配收入 26300 元、增长 9%，农村常住居民人均可支配收入 8670 元、增长 12%。

表 1.1　　　　DF 县部分乡镇 2015 年小康指标完成数

单位	常住人口（万人）	2015 年农民可支配收入完成数（元）	与上年相比增长率	住房面积完成数（平方米）	恩格尔系数（%）
DF 县	3492.67	6974	11.40%		
大方镇	116	8514.26	13.13%	34.41	41.46
猫场镇	113	6908.84	12.16%	32.17	43.99
核桃乡	120	6991.4	11.57%	37.42	43.11

近几年 DF 县的经济状况在稳步发展与上升，但 DF 县仍属于国家扶贫开发重点县之一，被列为扶贫开发重点的乡镇 31 个，其中一类贫困乡镇 4 个，二类贫困乡镇 20 个，三类贫困乡镇 7 个，有贫困人口 8.62 万人，低收入人口 13.47 万人。

3. 教育发展状况

截止到 2017 年，DF 县全县共有学校 392 所，其中幼儿园 71 所（不含 149 所山村幼儿园）、完全小学 182 所、小学教学点 90 个、初级中学 31 所、九年制学校 4 所（文惠实验学校、思源实验学校、育才学校、三联实验学校）、普通高级中学 4 所（一中、二中、三中、实验高中）、完全中学 7 所（理化中学、坡脚中学、百纳中学、利民中学、美育中学、育德中学、云贵中学)、中等职业学校1所、特教学校1所;在校生有172252人,其中幼儿园26599人,小学81772人,初中41461人,普通高中20785人,特殊教育学校168人,工读学校35人,职业学校3815人。

师资方面,DF县现有在编教职工8963人,其中教管中心130人,幼儿园695人,育新学校8人,特教学校31人,九年制学校348人,职业学校100人,中学3380人(县城中学1129人,农村县直中学737人,乡镇初级中学1514人),小学4271人(县城小学379人,乡镇小学935人,村级小学2975人)。中小学及幼儿园中有民办学校23所(幼儿园14所,九年制学校3所,小学2所,中学4所),学生13184人,专任教师637人。

具体到职业教育的发展情况,DF县现有毕节同心农工中等职业技术学校与贵阳护理职业学院DF校区两所职业院校。其中,毕节同心农工中等职业技术学校于2011年成立,校园占地面积147亩。学校共有在校学生4910人,其中全日制在校生2332人。教职工共90人,88人为专任教师,其中文化课教师32人,专业课教师56人(其中双师型教师13人)。另外有兼职教师31人,师生比为1∶20。中学高级教师19人,占21.4%,中学一级教师26人,占28.8%,其余为初级职称和管理人员,占50%。学校中职各专业在籍学生1932人,其中全日制在籍学生1514人,在校生813人;非全日制学生1119人。学校每年招生1000人,近年毕业生的就业率约为92%。贵阳护理职业学院DF校区是由HD集团出资援建的,目前学校有教职工33人,其中正高职称教师2人,副高职称教师9人,总规划占地面积79757平方米,开办的高职专业有助产、护理、药品经营与管理、药品生产技术、医学影像技术、药品质量与安全,中职专业有农村医学、药剂、护理。目前学校有全日制在校生609人,其中高职在校生209人,中职在校生400人。

在政府和社会各界的努力下,DF县的教育水平稳步上升,但也遇到了一些困难与阻力,其中,影响DF县教育发展的原因主要有以下几点：

（1）地理因素。DF县位于乌蒙山区，全县几乎都是山地地貌，许多乡镇位于大山深处，信息封闭，交通不便，与外界的资源交流十分困难。许多乡村小学——如老水小学教学点，甚至没有通硬化路，学生、老师及村民只能走石子路或土路去镇上，极大影响了教育基础设施的建设、教育资源的引进和教育水平的提高。

（2）民族因素。DF县是一个多民族聚居的地方，全县共有汉族、白族、苗族等24个少数民族，各个民族都有自己独有的语言文化，也有着不同的生活习惯与习俗，文化差异加大了DF县基础教育、特别是学前和小学阶段教育的发展差距。同时，许多少数民族学校缺乏双语教学老师，严重影响了教学进度与质量。此外，一些少数民族群众对教育重要性的认识不够，许多学生在高中或中学阶段就辍学成家或是外出打工，自动放弃了受教育的机会。

访谈1-1：猫场镇箐口小学，教师（XX171108F8）

我们学校有100多个学生，30多个是留守儿童。爸爸妈妈在外打工认识，带回来结婚，没有领结婚证，生下几个孩子就走了，留下几个孩子由爷爷奶奶或外公外婆带。这些孩子学习成绩差，生活习惯也不好，爷爷奶奶毕竟管不了那么多，给点饭吃就算好的了。他们穿衣方面不太整洁，不爱与人交流。我们学校目前没有辍学现象，辍学多的是另外一个学校，那边是一个苗族村寨，10多岁高年级辍学就结婚了。他们不重视教育。我们这边有彝族人，穿青人族，汉族，少数白族。这边都说汉语，苗族那边学校有双语教学，我了解的很多女老师过去就千方百计调走，一个女老师待在那个地方也不安全。

（3）经济因素。DF县是典型的贫困县，经济的落后严重制约了教育水平的发展，教育资金的不足导致多数山村学校的硬件设施条件落后，学生的生活和学习条件无法得到保障。同时，教师的薪资待遇也是亟待解决的一大难题，县内教师的收入和相关保障的不足，使DF县对外无法吸引更多优秀的教师人才，对内难以留住现任在职在岗的教师，严重影响了师资水平和教育质量。

访谈1-2：DF县猫场镇猫场中学，校长（XX171109M10）

制约基础教育的因素，从软件方面来说，一是师资不配套，二是师资不够。为什么呢？现在进来的特岗教师，不是师范专业毕业的，而是大学考教师资格证，就会出现一个问题，他在心理学、教育学这方面很缺，在教育学生上，通过若干年学习可能会好点。另外，我们西部这些教师，尤其是山里面的，这样的教师出去之后，掌握的教育教学方法、理念很缺。就是教师自身的成长不像东部发达地区的教师。

访谈1-3：猫场镇箐口小学，教师（XX171108F9）

箐口小学没有编制，是爱心人士捐建的，只是一个教学点。有170多个学生，在箐口村的教学质量最好。复式班教学，一、三年级一个班，二、四年级一个班，六年级单独一个班。原本村民重视孩子教育，自发凑出2万元准备建二层教学楼。县领导了解后，投资300多万元，正在建新教学楼，2017年11月8日开工。

工资每月发在卡上的有3800元，每年年末有绩效工资，去年我的绩效工资就有将近1万元，兼班主任，考核的方式。有五险一金，没有课时费。本来特岗教师在文件上规定有住宿补贴等，我们负责人很难，我们理解，我们什么都没有，比如外出培训可以报销的，我们都没有。我们不忍心看到负责人那么劳累，也不是为了自己，为了孩子。

综上所述，DF县在保持教育发展上升势头的同时，也面临着一系列瓶颈和挑战，还需要政府及社会通力合作，推出一系列更有效的教育扶贫政策和措施，最终实现教育扶贫的目的。

二 DF县扶贫举措

DF县政府在扶贫工作中积累了很多经验，也获得了明显的成效。为打赢脱贫攻坚战，巩固扶贫的效果，DF县委县政府将脱贫攻坚作为"一号"工程，实施精准扶贫精准脱贫战略，紧盯乡镇摘帽、贫困村出列、计划贫困人口脱贫"三个目标"，层层压实责任，扎实推进精准扶贫精准脱贫工作。截止到2017年，DF县贫困人口已从2013年的26.27万人减少到2017年的11.38万人，减少了14.89万人，贫困发生率从2013年的26.55%降低到2017年的16.5%，降低了10.05个百分点，年末农民人均纯收入从2013年的5501元增加到2016年的7741元。

即便如此，DF县整体的贫困问题仍然深重。经济方面产业发展支撑能力较弱，经济发展的可持续性不够，高效农业、电子信息产业等新兴产业尚未形成。县内财务收支矛盾突出，扶贫的财政支撑不足，公共预算收不抵支。此外，社会与产业发展中随之出现的一系列其他社会问题，如征地拆迁、产权纠纷等，都在一定程度上影响着扶贫攻坚进程的顺利进行。

为全力贯彻精准扶贫理念、全面建设小康社会、打赢扶贫脱贫攻坚战，DF县政府针对上述问题，以"四个切实""五个一批""六个精准"的要求为基础，制定了一系列体系完整、覆盖全面的扶贫措施，这套措施主要包括产业扶贫、异地搬迁扶贫、吸纳就业扶贫、教育卫生扶贫、社会保障扶贫、金融扶贫、综合施策扶贫七方面，从不同的领域和角度对扶贫目标和具体扶贫措施做出系统的规划与部署。

（1）产业扶贫方面。和HD合作，推进"5个10万产业工程"，分别打造10万亩以上高山冷凉蔬菜基地、中药材基地、经果林基地、牧草基地等，推动农牧种植业的发展。

（2）异地搬迁扶贫方面。配套投入7亿元建成50处有产业依托的幸福新村和1个特色小镇安置区（奢香古镇），让农民离开原来的住所和农田之后，有配套的资源继续发展种植业、服务业或其他产业。

（3）社会保障方面。通过发放城市低保、孤儿生活保障资金和困境儿童生活补助金完成社会保障兜底工作，同时为低保对象代缴合医。

（4）医疗卫生方面。确保贫困人口全面参保，并在农工民主党辽宁省委和HD集团捐助与合作下建设"同心医疗健康疗养院"与"HD慈善医院"。

（5）金融扶贫方面，设立HD产业扶贫贷款担保基金，并积极发放"特惠贷"与银行融资。

（6）综合施策扶贫方面。政府重点查找了目前存在的短板，大力实施小康六大行动计划，包括安全饮水项目、维护改造、安全用电、硬化公路等；在组织建设方面，抓紧配齐建强管理队伍，扩充扶贫办的事业编制，组建驻村工作组等，积极强化扶贫领导班子，健全结对帮扶机制。同时，对扶贫工作实行全面精细化管理，加强扶贫绩效评估。

（7）教育扶贫方面，DF县更是重点关注、全力推动，其具体的扶贫方法及措施将在下面章节作详尽的介绍。

本书的调研主要在贵州省BJ市DF县进行。在实地调研的过程中，笔者走访了DF县及下属乡镇的政府部门、企业、社会组织和学校，其中政府部门包括DF县扶贫办、DF县教育局、DF县组织部，DF县猫场镇政府、核桃乡政府等；企业包括HD集团DF扶贫管理有限公司吸纳就业扶贫部、教育扶贫部；社会组织包括中国农工民主党中央、农工民主党贵州省委员会、DF县扶贫开发协会、HD慈善基金会、DF县益缘志愿服务协会、DF"大爱萤火"公益团队；学校包括毕业同心农工中等职业技术学校、HD职业学院（贵阳护理学院DF校区）、猫场镇老水小学、箐口小学、猫场中学、核桃乡核桃中学、中坝小学等。笔者还走入农户家中，与农民面对面交谈，了解教育扶贫的实际执行情况及其对贫困户的影响。

第四节 研究目的及意义

一 研究目的

本研究以 DF 县的实地调查为基础，以贫困治理理论为依据，围绕政府、市场、社会多主体参与教育扶贫这条主线，分析教育扶贫行动中各治理主体的角色定位、作用边界和互动关系，探讨各治理主体参与教育扶贫的实践领域、行动机制、运作逻辑和行动困境等系列问题，总结教育贫困治理的效果，探索教育贫困的治理逻辑。

1. 分析贫困地区开展教育扶贫的理论价值和现实意义，通过对贵州省 DF 县的实地调查，真实地记录贫困地区的教育环境和教育状况，深入了解该地区教育扶贫政策及措施实施的情况，分析贫困地区教育贫困的普遍特征和教育贫困产生的原因。

2. 分析中国教育扶贫政策的历史轨迹、主要内容、作用机理和主要成效，从中发现教育扶贫政策变化的逻辑及走向。通过对贫困地区的教育扶贫政策的梳理与总结，了解贫困地区教育扶贫政策的主要内容及政策执行和实施的过程，评估教育扶贫的效果与成果。在实地考察过程中，通过对教育扶贫主体（政府、企业和社会组织）、学校及贫困户的调查访谈，从政策制定者、政策实施方、政策参与方和受助方等角度，了解教育扶贫政策的需求及效果，以期为今后的教育扶贫政策的制定和完善提供建议。

3. 分析教育扶贫中政府、市场和社会组织的关系。通过对 DF 县的实地调查研究，厘清政府、市场和社会组织在教育扶贫中的角色定位、作用边界和互动关系，分析政府、市场、社会各治理主体参与教育扶贫的实践领域、行动机制、运作逻辑和行动困境，从多元主体互动、治理体系构建、治理效果整合等方面分析教育扶贫的成效。

4. 运用社会治理理论研究教育扶贫问题，理清教育与贫困之间相互作用的关系，探析教育贫困的治理逻辑，探索优化教育贫困治理效果的路径，尝试从理论层面拓展社会治理的研究范围，拓宽教育扶贫研究的视域，丰富和深化政府、市场和社会关系的研究；从实践层面提出推进和深化教育扶贫的政策建议。

二 研究意义

本研究通过对贵州省DF县教育扶贫状况的实地考察，运用社会学理论，呈示我国教育扶贫政策的实施状况、运作逻辑与实践效果，分析教育扶贫的主体、内容、过程和方法，总结教育扶贫的效果，探讨政府、市场和社会组织在教育扶贫中的作用，提出教育贫困治理的策略。本研究对我国教育发展和反贫困工作都有着重要的理论和现实价值。

（一）理论意义

其一，厘清教育与贫困人口脱贫的关系。中华民族自古以来就有重视教育的传统，尊知重教是中国传统美德。随着时代的发展，教育与反贫困之间的关系越来越紧密。现实情况与大量研究显示，在现代社会里，拥有良好个人素质与娴熟职业技能的个体更容易在市场竞争中获取优势、在社会交往中占据优质的资源。总而言之，想要增强贫困群体的竞争力，就必须提高贫困群众的能力，让其积极主动参与到反贫困行动当中，依靠个人能力脱贫，只有这样才能稳定、彻底摆脱贫困。教育作为提高个人知识技能最有效的方法，能培养、训练和提升贫困人口的内生动力，提高其个人的发展能力，重塑发展观念，拓宽发展渠道，帮助他们提高自力更生的能力。教育扶贫是"造血性"扶贫，通过教育构建"造血"机制，可以引导反贫困工作由"治标"走向"治本"，斩断贫困代际传递的链条。

其二，揭示和探讨教育与阶层固化的关系。我国贫困地区大多集中在中西部的偏远山区，贫困的区域化现象明显，城乡二元经济体系更是拉大了城市和农村发展的差距，贫困人口不能获得优质的社会资源，难以改善个人知识和能力，无法提升个人竞争力，不易打破阶层壁垒实现向上阶层的流动。现有研究已经在一定程度阐明教育与阶层固化之间的关系，要改变农村阶级固化问题，最根本的是需要促成市场资源的均衡、公平分配，促进农村社会经济的均衡发展，改善城乡区域发展不平衡的问题，缩小城乡差距。就目前的社会环境来看，贫困人口缺乏先赋的经济条件与良好的受教育环境，缺乏个人能力发展所需的社会资源支持，落后的个人素质、社会地位和社会交往关系阻碍了其进入主流阶层。解决阶层固化最有效的方法，是让农民接受专业技能培训和系统学校交易。前者可以让农民拓展更多的就业途径，摆脱单一传统农业生产的禁锢，找到更多的谋生手段与增收方法；而后者可以让更多的农村青少年通过高考等方式走出农村，接受高等教育，享受更丰富先进的教育资源，提升个人社会地位。对教育扶贫的研究，可以进一步分析社会资本的不均衡分布与社会阶层固化之间的关系，探析缓解和消除阶层固化的路径和方法，助力达成全面建设小康社会与共同富裕的目标。

其三，辨明教育与贫困代际传递间的关系。现有研究已经证明，教育能有效切断贫困代际传递的链条。贫困的代际传递是我国农村地区长期贫困的重要原因，也是贫困问题难以根除的主要根源。一方面，许多农村贫困家庭不重视教育；另一方面，家庭经济状况限制了贫困子女的教育资源，大多数贫困家庭因为经济原因难以承担子女的教育支出。这种贫困的亚文化会以家庭为单位不断传递，造成了农村地区根深蒂固的长期性贫困。在现代社会，影响人们薪酬标准、工作收入的最主要因素已不再是单纯的体力与劳动力，而是通过系统化的教育获得的知识文化、心理素质、领导力等智力因素，收入的多少与受教育程度的高低呈正相关的关系。从实际情况看，贫困人口无论是接受普通基础教育，还是职业技能教育，都能为贫困家庭带来更多增收致富的渠道和机会。研究教育扶贫，能为制定和完善教育扶贫政策提供更坚实的理论基础，有助于找到让贫困人口摆脱长期性贫困、打破贫困代际传递恶性循环的突破口和根本之道。

(二) 实践意义

第一，探索缓解和消除教育贫困的方法。教育扶贫能有效阻断贫困代际传递，是从根本上断绝贫困的关键之一。现有的研究与实践表明，教育扶贫不仅能改变贫困人口的经济状况，也能影响其下一代的命运，通过教育能改善贫困人口及其后代的个人能力和个人素质，提高其社会竞争力、收入水平和社会地位，打破贫困通过代际传递而产生的恶性循环。研究教育扶贫，有助于探索通过教育消除贫困根源的路径和方法。

第二，探寻社会化教育扶贫的策略与方法。贫困是多维的，贫困问题的成因是复杂的，因此，应该采取综合性的贫困治理策略，充分发挥政府、市场主体和社会组织的作用。研究教育扶贫，厘清教育扶贫行动中各治理主体的角色定位、作用边界和互动关系，探讨各治理主体参与教育扶贫的实践领域、行动机制、运作逻辑，对于构建多主体参与的大扶贫格局具有重要意义。

第三，完善扶贫政策。我国传统扶贫政策主要是给钱给物的救济式、应急式扶贫，后来，逐渐转向通过拉动经济整体性发展的方式来缓解贫困，如推进农村生产制度改革、开放市场、投资地方产业等。进入脱贫攻坚阶段，我国高度重视教育扶贫、精神扶贫，强调"扶贫先扶志""扶贫重扶智"，转变贫困人口的思想观念，调动贫困人口的主观能动性，提高贫困人口的发展能力。教育扶贫这种激发扶贫对象内生动力的方法更有针对性、更为精准，也更有可持续性。研究教育扶贫，有助于扶贫政策的完善和创新。

第四，有助于促进教育和社会公平。中国传统的教育精神崇尚教育公平，早在《论语》里就有"有教无类"的说法，"人有差别，如贵贱、贫富、愚智、善恶之类。惟就教育言，则当因地因才，披而进之，感而化之，作而成之，不复有类"。[①] 教育不仅是个人全面发展的关键，也有着促进社会公平的功能。教育资源分布的区域性差距和阶层性差异，严重阻碍了教育公平和教育均等化发展，也影响了社会的和谐稳定。研究教育扶贫、发展教育、消除贫困，是对我国传统教育精神的延续，也是消除社会不平等问题、维护社会公平的重要途径。

[①] 钱穆：《论语新解》，生活·读书·新知三联书店2002年版，第423页。

第二章 研究理论与方法

第一节 理论基础

消除或减少贫困是人类社会发展的重要议题,随着社会的发展,人们对贫困的认识在不断演进,国内外众多学者围绕贫困与反贫困的议题,从不同的学科视角进行了深入的研究,取得了丰硕的理论成果。

一 贫困研究的理论脉络

贫困具有复杂性与综合性,在不同学科的研究者眼中,有关贫困的表象、贫困的发生机制、消除贫困的路径等都不尽相同。总体来看,有关贫困的理论阐释主要集中于经济学、社会学、政治学等学科领域,形成了一系列相关理论,其中尤以经济学和社会学对贫困的研究较多。

(一) 经济学视角下的贫困理论

马尔萨斯的贫困理论。马尔萨斯在《人口原理》一书中指出,私有制是使人口和生活资料保持平衡的最有效的制度。[1] 他提出"人口剩余致贫论",认为人口增加是贫困和罪恶的根源。人口的几何级数增长与生活资料的算术级数增长之间的矛盾将会使人们沦于贫苦的境地。他认为消灭贫困的办法不在于变革,而在于"抑制人口增长",即通过

---

[1] 陈端计、詹向阳:《贫困理论研究的历史轨迹与展望》,《青海师专学报(教育科学)》2006年第1期。

"道德抑制"和"积极抑制"两种减少人口的方式，达到人口增长与生活资料供给的平衡。马尔萨斯的贫困理论受阶级立场的制约，具有明显的片面性，强调人口增长而忽视技术进步，强调人口自然规律而忽视资本主义生产方式的后果，其试图通过"消灭贫困者来消灭贫困"的"积极抑制"手段更是反人类的。然而，该理论作为反贫困理论研究的先驱，对贫困问题的研究具有一定的积极意义。①

人力资本理论。美国经济学家舒尔茨认为，人的能力和素质是决定贫富的关键。贫困地区落后的主要原因在于人力资本的匮乏。人力资本表现为知识、技术能力、体能等方面。加大教育投入、增加技术能力培训、开展卫生保健等方面的人力资本投资，是解决贫困问题的主要路径。② 在舒尔茨的理论中，人力资本是经济增长的重要源泉，甚至超过了土地、资本等生产要素在经济发展中的作用，同时，人力资本也是个人收入增加的重要促进因素。人力资本理论破解了二战之后许多国家生产要素消耗与国民财富增长之间不一致的谜题，为解释贫困问题提供了新的思路。

贫困恶性循环理论。美国经济学家拉格纳·纳克斯（Ragnar Narkse）在《不发达国家的资本形成》一书里指出，发展中国家的贫困，是因为存在着许多相互影响的"恶性循环系统"，低收入导致低资本，引起低产出，最后又回归到低收入的恶性循环。同时，低收入还会引起储蓄低、购买率低、投资低、劳动生产率低的恶性发展模式。多个恶性循环的链条之间互相作用，使不利影响加倍扩大，底层和贫困人民难以摆脱贫困的循环向上流动，被禁锢的国家经济也难以找到良性发展的出路，这种恶性循环导致发展中国家经济发展的停滞不前和人民的长期性贫困。按照贫困的恶性循环理论，社会分配的不合理导致资源、机

---

① 汪三贵、张伟宾、杨浩等：《城乡一体化中反贫困问题研究》，中国农业出版社2016年版，第22—23页。

② 徐晓军、胡倩：《反贫困的理论研究》，《中国经济时报》2013年02月22日第6版。

会的不平等，使贫困人群在个人素质、能力等方面远远落后于其他群体，而这一差异又进一步加剧了社会资源分配的倾斜。贫困恶性循环理论将封闭的恶性循环系统视为致贫的重要原因，指明了贫困的生产与再生产机制，但是该理论忽略了贫困生态链形成的外部影响因素。

发展经济学的贫困理论。许多学者从经济与社会发展的视角，建立相关数据模型与分析方法，总结出一系列与贫困相关的理论。其中具有代表性的有罗森斯坦·罗丹的"大推进理论"、佩鲁的"增长极理论"、纳尔逊的"低水平均衡陷阱"理论、赫希曼的"不平衡发展理论"、刘易斯的"二元经济模型"、阿明的"中心—外围理论"等等，这些理论对发展中国家消除贫困起到了促进作用。当然，这些理论也有不同程度的片面性，没有对贫困做出全面且完整的解释，且大多都忽视了发展中国家贫困的实质问题。[1]

(二) 社会学视角下的贫困理论

社会学者从制度、文化、观念、政策、权利等角度分析了造成贫困的主要原因。

制度贫困理论。制度贫困理论主要是以早期资本主义国家的贫困为研究对象，是在空想社会主义理论基础上发展形成的。马克思认为，资本主义制度是造成无产阶级经济地位的决定性原因。在资本主义私有制下，失去生产资料的无产阶级被迫向资产阶级出卖劳动力，而劳动产生的剩余价值又被少数的资产阶级所占有。因此，无产阶级摆脱贫困的唯一出路是"剥夺者被剥夺"，消灭阶级剥削和阶级压迫[2]，马克思主义制度贫困理论从阶级和制度层面去探讨反贫困的方法，体现了其为穷人呐喊的立场和深刻的人文关怀。

文化再生产理论。文化再生产理论最早由布迪厄提出，这一理论建

---

[1] 陈端计、詹向阳：《贫困理论研究的历史轨迹与展望》，《青海师专学报（教育科学）》2006年第1期。

[2] 欧阳琦：《国内外贫困治理理论、政策比较研究》，《中外企业家》2015年第25期。

立在"文化资本"概念的基础之上。布迪厄认为,文化资本是对一定类型和一定数量的文化资源的排他性占有,具体可划分为三种基本形式:一是身体化形态,指通过家庭或学校教育而获取的化身为自身身体、精神一部分的文化产物;二是客观物质形态,指有实体的物质文化财富,如古董、书籍、建筑等;三是制度形态,指将个人所掌握的知识技能,通过考取文凭、证书等社会公认的方式制度化。而获取文化资本最主要的两种方式,一种是通过小时候的家庭教育获得,另一种则是成长后通过系统的学习获得。文化资本是通过一种"再生产"的方式延续传承的,它同时也是一个知识、能力、地位的再生产。文化再生产理论深入解释了社会中教育系统的结构和运行机制,揭露了各种维持文化特权的社会基础,并通过对文化分配规律的分析解释了社会权利和资源的再分配过程。

贫困文化理论。美国社会学家、人类学家刘易斯认为,"贫困文化"是一个特有概念,是一种拥有独立内涵和内在机制的社会亚文化。贫困人口有一套特定的生活模式、行为准则和价值观念,表现出一种特有的文化模式。这种"亚文化"一旦形成,就会影响整个贫困区域内的人,并一代代地传递下去导致新的贫困。[①] 穷人所特有的贫困文化是他们贫困的根本原因,因此,要摆脱贫困,就需要改变这种贫困的亚文化对穷人的影响和束缚,要帮助他们树立正确的生活习惯和价值形态,培养劳动主动性和内生动力。[②] 贫困文化理论强调亚文化对贫困人群和贫困地区的影响,为解释贫困提供了不同的视角。但是该理论过于强调贫困生产的内部机制,忽略了独立于个体之外客观的社会情境因素。

贫困功能理论。美国学者甘斯从默顿的功能分析出发,提出了贫困功能论,认为贫困是社会发展的功能必需。穷人从事低收入的劳动,保

---

① 刘敏:《新型农村社会救助制度的实施效果评价研究》,博士学位论文,湖南大学,2011年。
② 孙咏莉:《贫困、道德与焦虑》,博士学位论文,中央民族大学,2007年。

证了富人优裕的生活标准。贫困创造了许多就业机会,警察、福利工作者等都是为穷人提供服务的。贫困的存在有利于维持占主导地位的价值规范的合理性。贫困功能理论强调贫困存在的合理性,对于贫困的分析给出了似是而非的解读,实际上是美化了资本主义社会广泛存在的社会不平等。

贫困代际转移理论。20世纪60年代,美国社会学家提出了贫困代际转移理论,即贫困父母将其贫困及相关不利条件传递给子女的过程。[①] 贫困会随着贫困家庭的代际关系传递给子女,在贫困家庭成长的孩子很难摆脱贫困,在成年后也比非贫困家庭的子女更容易陷入贫困。贫困的代际转移可能源于包括家庭的经济资源、家庭结构、家庭文化、社会分层等一系列因素的影响。从家庭的角度来看,贫困的亚文化一旦产生,便会有自我延续的趋势,并会以家庭为单位传递,造成一种惯性的长期贫困。从社会分层的角度来看,贫困导致贫困家庭成员被封闭在一个流动率较低的阶层当中,穷人只能继承父辈的阶级位置,难以向上层社会流动。也有学者从社会排斥、能力贫困等角度讨论贫困的代际转移问题,将贫困与社会剥夺相联系,认为贫困的根源是个人能力的不足。[②] 贫困代际转移理论指明家庭环境等因素对贫困的影响。[③]

权利贫困理论。随着对贫困问题研究的深入,人们对贫困的定义已不再局限于经济、物质层面,能力贫困理论应运而生。阿马蒂亚·森在《贫困与饥荒:论权利与剥夺》中指出,贫困的实质是贫困人口创造收入能力和机会的贫困,贫困是基本可行能力被剥夺。在对能力贫困进行界定和度量时,最应考虑的是个体综合能力的欠缺,包括健康情况、受教育情况、基本生产能力、获取知识能力、自我发展能力等多方面的因

---

① Moran R., *Early childhood Investment and the Intergenerational Transmission of Poverty*. dissertation, JHU, 2003.
② [印度] 阿马蒂亚·森:《以自由看待发展》,森任赜、于真译,中国人民大学出版社2002年版,第85页。
③ 徐慧:《转型期农村贫困代际转移、影响因素及对策研究》,《经济体制改革》2016年第3期。

素。阿马蒂亚·森认为贫困是由于权利的丧失,把贫困归结为权利贫困,并从政治、法律、文化制度等方面分析贫困的原因①,提出重建个人能力来避免和消除贫困。在贫困地区,能力贫困突出表现在普遍存在的知识贫困上。农村的教育发展落后、教育资源不足、知识资本存量低下导致低素质劳动力集中形成的"低素质屏障效应",加剧了贫困问题。因此,提高贫困人口的个人能力,保障其受教育权利,是解决贫困的关键。

二 贫困治理的理论基础

(一) 社会治理理论

20世纪80年代,治理理论在对政府与市场、社会关系的反思中产生与兴起。治理最初是对应于"统治"一词而产生的,是一个多重的概念。早期,治理(Governance)表示"统治"与"操纵",随着社会发展与政府职能转型,治理逐渐朝着"引导""导向"的概念发展,社会治理的原则也从"分而治之"向"合作治理"转型。② 社会治理具有丰富的内涵,其基本主张是建构多主体治理秩序,发展多主体协同参与治理的体制机制,增进社会公共利益、促进社会公平,达至善治。③

1. 社会治理的界定

学术界和相关机构对治理的理解各有侧重,但最为人们广泛接受的是1995年联合国全球治理委员会提出的治理概念。治理是各社会组织、成员共同参与管理社会公共事务的方式与机制的总称。治理能调和多方利益、共同采取行动,保障持续的内在运行动力,其基础是合作与协调。治理涉及不同主体、不同区域、不同内容。如果从治理主体而言,有国家治理(政府治理)、社会治理、市场治理等。社会治理是一种社

---

① 向德平:《包容性增长视角下中国扶贫政策的变迁与走向》,《华中师范大学学报》(人文社会科学版) 2011年第4期。
② 张康之:《论后工业化进程中的社会治理变革路径》,《南京社会科学》2009年第1期。
③ 燕继荣:《中国社会治理的理论探索与实践创新》,《教学与研究》2017年第9期。

会成员、组织间的持续互动的过程。① 本书所指的社会治理，主要是以社会系统为对象的治理。当然，社会治理不可能仅仅是社会系统自身的行动，还指涉国家系统的介入以及市场系统的参与。

如何界定社会治理？从权力配置的角度看，社会治理是根据社会管理中权力的配置和格局，各权力主体在权力范围内行使自身权力和职能所进行的社会管理。② 从治理过程与目标的角度来看，社会治理是在社会规则与政府制定的政策基础上，循规对社会事务进行管理和协调，保障社会的法制化和公平正义，解决各类社会问题和社会矛盾，维护社会安定与和谐发展。③ 也有学者将社会治理解释为以协同共治为主要治理模式，达成政府、企业、公民等各社会主体间的利益平衡，通过协商和统一的问责机制，建立高效高质的社会管理模式。④

2. 社会治理的本质

治理源自对统治的反思和批判。统治、管理、治理彰显着不同的价值，由统治到管理，再到治理，价值追求升级，即由突出秩序价值上升到公民和效率价值，再上升到服务价值。服务价值的实现，能建构更好的秩序，也更能凸显公平，提升社会治理的效率。⑤

治理的基本主张可概括为"多主体参与、协同共治，达至善治"⑥，第一，社会治理的主要架构是多主体结构，社会治理的基础在于社会成员及社会力量的合作参与。社会治理的主体包括政府、市场、社会组织、个人等，各主体相对独立，在平等合作的前提下共同参与社会治理。第二，社会治理的过程是各主体协同共治。目前的时代和经济背景

---

① 全球治理委员会：《我们的全球伙伴关系》，吉林人民出版社2001年版，第23页。
② 韩朝华：《利益多元化与社会治理结构转型》，《中国特色社会主义研究》2007年第1期。
③ 卢汉龙：《社会建设与社会治理》，社会科学文献出版社2006年版，第3页。
④ 孙晓莉：《西方国家政府社会治理的理念及其启示》，《社会科学研究》2005年第2期。
⑤ 张康之：《社会治理中的价值》，《国家行政学院学报》2003年第5期。
⑥ 吴汉东：《国家治理现代化的三个维度：共治、善治与法治》，《法制与社会发展》2014年第5期。

下，各种社会问题和社会矛盾都呈现出复杂化、多样化的趋势，单一主体已经无法满足治理的需要，多主体共建共治共赢是社会治理的发展方向及目标。第三，社会治理的最终目标是达至善治。各主体通过共同努力，解决社会矛盾，保障公平正义，促进公共利益最大化，推进社会的和谐发展。

治理理论为政府扶贫向多元主体共治的转变奠定了理论基础。在治理理论的启示下，贫困治理成为我国反贫困进程中的关键理念和重要内容。贫困治理要求治理模式从单一政府治理向多元主体合作共治转变。除了政府主体之外，市场、社会组织等其他主体也在多中心的贫困治理框架中扮演着重要的角色。

（二）政府、市场与社会失灵

政府、市场和社会都是资源配置的主体。但在资源配置过程中，政府、市场和社会都有其局限性，导致出现政府失灵、市场失灵和社会失灵的现象。政府失灵是政府干预引发的一系列非效率性资源分配状态；市场失灵是市场无法达到完全竞争和供需理想的状态；社会失灵是指社会自我管理和自主自治缺失。在许多情况下，政府失灵、市场失灵、社会失灵相互发生作用。政府失灵的根源在于体制局限下造成的政府工作效率低下，政府提供服务与社会需求的偏差；市场失灵的根源在于企业盲目追求利益最大化而产生的社会利益分配失衡[1]；社会失灵主要是由于政府和市场过度介入公共领域而压缩了社会的自主空间。在社会治理中，政府的不足主要表现为行政权力可能限制市场机制的作用与社会的发展空间。而市场缺陷主要在于市场配置资源导致收入与财富分配不公，以及市场机制导致的竞争失败、市场垄断、失业、区域经济失衡等。[2] 社会缺陷主要在于社会力量参与不足，

---

[1] 张宇、刘伟忠：《地方政府与社会组织的协同治理：功能阻滞及创新路径》，《南京社会科学》2013年第5期。

[2] 徐祖荣：《社会管理创新范式：协同治理中的社会组织参与》，《中国井冈山干部学院学报》2011年第3期。

其在社会治理中的主体性作用未能充分发挥。

从世界各国的反贫困实践来看，政府失灵、市场失灵和社会失灵时有发生。

从政府失灵来看，政府在贫困治理中处于主导地位。但是政府也有局限性，一是政府扶贫多采取行政方式，在资源配置方面往往以大型扶贫项目为主，易于忽视贫困人群和其他社会弱势群体的个体需要。二是在自上而下的扶贫项目安排过程中，贫困人群很难真实表达利益诉求。三是政府配置扶贫资源的效率可能不高。

从市场失灵来看，市场机制在扶贫中同样具有局限性。市场机制在资源配置方面缺乏公正理念，贫困人群无法平等占有政治和经济资源，难以分享经济发展带来的成果。此外，经济发展带动减贫的边际效益在逐步递减。

从社会失灵来看，社会组织在提供公共服务过程中，由于自身的缺陷，可能导致组织目标扭曲、自主性丧失和行为失范。[①] 在贫困治理过程中，也同样面临着组织目标与贫困治理目标的背离、在协同治理过程中缺少自主权等问题。

正是因为政府、市场和社会在资源配置方面可能出现的失灵，因此单纯依靠政府、市场和社会的方式来实现贫困治理目标非常艰难，多主体参与扶贫的必要性得以凸显。

（三）福利多元主义

福利多元主义产生于福利国家日益凸显的福利危机之中，它强调福利供给主体由国家向多元社会主体的转型。罗斯认为，福利应是全社会的产物，需要国家、市场、家庭等多主体的参与，而且各主体在福利提供方面应该互相合作。[②] 此后，关于福利多元主义的理论进一步发展，

[①] 黄建：《社会失灵：内涵、表现与启示》，《党政论坛》2015 年第 2 期。

[②] Rose Richard, "Common Goals but Different Roles: The State's Contributionto the Welfare Mix", in Rose, R. and Shiratori, R., eds., *The Welfare State East and West*, Oxford: Oxford University Press, 1986, p. 13.

许多研究者放弃了传统的福利二分法,将社会引入福利多元主义的分析框架。伊瓦斯提出了福利三角的分析框架,确定了不同福利提供主体的服务领域,国家主要通过社会资源的再分配实现福利供给,市场主要通过就业满足福利需求,而个人、家庭和社区主要提供非正规福利。伊瓦斯认为,社会福利的来源是市场、国家、社区和民间社会[1],社会组织在福利供给中居于重要地位。欧尔森提出了国家、市场和民间社会三分法。[2] 约翰逊认为,除国家、市场和家庭之外,志愿组织等社会组织应在福利供给上发挥重要作用。[3]

福利多元主义主要强调三个方面的内容:第一,福利供给的多主体结构。福利供给主体经历了从一元到二元,再到多元的发展过程,强调政府、市场、民间组织、家庭以及个人等多主体的福利责任。第二,福利传输的分权、分散化。中央政府不再是实施福利政策的唯一主体,而是将福利主导权力下放给社区和社会组织。[4] 第三,福利实现过程的协同参与。政府、市场、社会组织在传递社会福利的过程中可以单独存在,但是多方互动关系的平衡性和稳定性亦相当重要,多元主体之间要协同参与。

福利多元主义为贫困治理提供了理论支持。第一,贫困治理强调政府、市场和社会的多元参与。《中国农村扶贫开发纲要(2011—2020年)》中提出要构建政府、市场、社会多主体参与的大扶贫格局,这与福利供给的多元主体结构不谋而合。第二,在贫困治理过程中,强调下放政府权力,赋予市场主体和社会组织参与扶贫的权责。第三,在贫困

---

[1] 彭华民、黄叶青:《福利多元主义:福利提供从国家到多元部门的转型》,《南开学报》2006年第6期。

[2] Olsson S. E., Och, H. H. and Eriksson, I., *Social Security in Sweden and other European Countries—Three Essays*, Stockholm: ESO, 1993.

[3] Johnson N., *The Welfare State in Transition: The Theory and Practice of Welfare Pluralism*, Amherst: University Mas-sachusetts Press, 1987.

[4] 丁越峰:《民间组织参与农村贫困治理的理论与实践研究——以仪陇乡村发展协会为例》,博士学位论文,华中师范大学,2014年。

治理中，既强调多元主体的良性互动、有效合作，也强调贫困人群在贫困治理中的参与。

第二节 核心概念

一 教育贫困

教育贫困是指自然环境、经济文化、资源投入等造成的教育发展落后、教育水平低下的问题。教育贫困与经济贫困是紧密联系的，经济状况与教育资源、教育基础设施建设、师资保障等密不可分，可以说，经济基础直接影响着教育的发展程度。

二 教育扶贫

教育扶贫是指通过加强对贫困地区的教育资源投入和政策倾斜，提高贫困地区的教育发展水平，帮助贫困群众平等享受到受教育的权利，掌握提高个人能力的知识技能，在个人脱贫致富的同时促进和带动当地的经济文化发展，最终摆脱贫困的扶贫方式。教育扶贫能培养贫困地区及民众自身的造血机制，提高民众的文化素质，加强贫困地区高质量的人力资源储备，通过"治愚"来"治贫"，从而大大降低返贫率，是斩断贫困代际传递链条的重要手段之一。

三 贫困治理

贫困治理是指政府、市场组织、社会组织等多主体资源投入并相互协商、协作的过程，贫困治理的目的是减少贫困[1]；贫困治理可以促进贫困地区经济、社会的发展，预防缓解各种社会矛盾的发生。[2]

---

[1] 李雪萍、陈艾：《社会治理视域下的贫困治理》，《贵州社会科学》2016年第4期。
[2] 苏海、向德平：《社会扶贫的行动特点与路径创新》，《中南民族大学学报》（人文社会科学版）2015年第3期。

贫困治理具有以下几方面的特征：其一，贫困治理的主体是政府、市场组织、社会组织、民众等多元主体[1]，多元主体在共同价值、共同利益的基础之上参与贫困治理，发挥不同的作用[2]；其二，贫困治理的过程是多元主体的协商与合作，多元主体平等地进行对话、竞争、合作；其三，贫困治理的方式呈现出需求导向和多样化的特点，不同的主体针对贫困户的特征和需求，制定多样化的帮扶措施[3]；其四，贫困治理的目标是实现减贫效益最大化，保证贫困群体脱真贫真脱贫。概括而言，贫困治理是政府、市场组织、社会组织等多元主体在平等合作、协商共治的基础上，为贫困地区、贫困人口提供精准化、专业化、多样化的服务，帮助贫困地区、贫困人口摆脱贫困、实现内源发展的过程。

第三节 研究框架

一 研究视角

本研究基于贫困治理的理论框架，对教育扶贫中的多元主体架构及其互动关系等关键性问题进行探讨。研究中主要体现了以下几个视角：

（一）多元主义视角

贫困治理是一个目标多元、内容丰富、手段多样的系统。目标多元表现为其目标包括缓解贫困、发展生计、保障权益、提升能力、激发动力等。贫困治理的内容包括物资匮乏、经济贫困、精神贫困、能力贫困、文化贫困等。贫困治理的方法包括物资帮助、经济帮扶、环境营造、能力建设、内生动力激发等。贫困的多元性、复合性特点，要求多元主体参与，运用多重机制和多种方法开展扶贫。

---

[1] 向德平、黄承伟主编：《中国反贫困发展报告：社会扶贫专题》，华中科技大学出版社2014年版，第195—200页。

[2] 王春婷：《社会治理的共治范式与实现路径——以温州社会治理实践为例》，《江西社会科学》2016年第1期。

[3] 左停、金菁、赵梦媛：《扶贫措施供给的多样化与精准性——基于国家扶贫改革试验区精准扶贫措施创新的比较与分析》，《贵州社会科学》2017年第9期。

（二）合作主义视角

现代社会打破了等级式和垂直式的秩序结构，建立了网络式多中心秩序，在合作的基础上实现多元共治。贫困治理就是建立起政府、市场和社会之间的伙伴关系，实现多主体合作的社会治理模式。其中，政府发挥监管优势，市场主体发挥效率优势，社会组织发挥志愿优势，构建政府主导、市场主体和社会组织共同参与的贫困治理新格局。

（三）整体性视角

贫困治理采用整体性视角，即国家主义、个人主义和社群主义范式相融合的视角。[①] 国家主义强调政府在经济发展、社会发展以及社会管理方面的重要作用；个人主义突出市场和民营部门对提高经济效率、满足基本需求的作用；社群主义则重视积极的社区动员和民众在社会政策决策中的参与。[②] 贫困治理强调从整体性视角出发，进行各治理主体、机制、方法和资源的整合。

（四）发展型政策视角

发展型政策的核心是将社会政策看成一种社会投资行为，认为社会政策是对人力资本的投资。[③] 发展型社会政策旨在重塑公民的能力，是一种"积极的"社会政策。贫困治理中，扶贫要与扶智扶志相结合，重视贫困群体的参与，强调提高贫困群体的人力资源质量，激发贫困群体的内生动力，提升贫困群体的发展能力。

二 研究思路

贫困治理包括三个重要的内容，从主体看，政府、市场、社会共同参与；从过程看，行政方法、市场方法、社会方法协同；从目标和效果

[①] ［英］安东尼·哈尔、詹姆斯·梅志里：《发展型社会政策》，罗敏译，社会科学文献出版社2006年版，第51页。

[②] 徐道稳：《以发展型社会政策构建发展型福利社会》，《深圳大学学报》（人文社会科学版）2008年第1期。

[③] 向德平：《发展型社会政策及其在中国的建构》，《河北学刊》2010年第4期。

看，公平与效率并重。本研究以 DF 县的调查研究为基础，以贫困治理理论为依据，围绕政府、市场、社会多主体参与教育扶贫这条主线，厘清教育扶贫行动中各治理主体的角色定位、作用边界和互动关系，分析各治理主体参与教育扶贫的实践领域、行动机制、运作逻辑和行动困境，探索教育贫困治理的优化效果。概括而言，本研究的重心在于探索教育扶贫的行动主体、行动过程和行动目标，重塑教育贫困的治理逻辑。

（一）教育扶贫主体：多元主体参与

如果从治理主体的角度看，人类社会至今有过三种基本治理形式，即自治—官治—共治。在国家和政府产生前，人类实行的是原始自治；在国家产生后的很长时间，人类实行官治；进入现代后，官治逐渐让位于共治。[1] 如果"统治"即官治，那么"治理"即共治。

治理与统治的根本区别之一是主体建构的不同。"治理是政治国家与公民社会的合作、政府与非政府的合作、公共机构与私人机构的合作、强制与自愿的合作。"[2] 换言之，统治的主体是单一的，即政府；而治理的主体是多元化的，包括党政组织、市场组织、社会组织、民众等。社会治理是党政组织、市场组织、社会组织、民众的协作共治。治理意味着由"政府负责"的一元化管理转变为"社会各方参与"的多元合作共治。[3]

在教育扶贫中，同样强调多元主体参与的理念，强调建立国家与社会、政府与民间、公共部门与私人部门的相互依赖、相互协商、互相合作的协同伙伴关系。本研究将重点讨论教育扶贫中的多元主体架构，明晰不同主体在教育扶贫中的关系。

---

[1] 俞可平：《重构社会秩序走向官民共治》，《国家行政学院学报》2012 年第 4 期。
[2] 俞可平：《治理与善治》，社会科学文献出版社 2000 年版，第 5—6 页。
[3] 江必新、李沫：《论社会治理创新》，《新疆师范大学学报》（哲学社会科学版）2014 年第 2 期。

（二）教育扶贫过程：多元协同机制

治理是政府组织、市场组织、社会组织等主体自主表达、协商对话、参与互动、合作共治、提高治理有效性的过程。治理的过程可以说是一个协作过程。协作性治理是政府、市场和社会协同共治的理想目标。在教育扶贫治理过程中，各主体根据自身不同的组织性质，运用不同方式参与其中，如政府作为行政机关主要使用行政方式，市场作为经济组织主要运用市场手段，社会组织则更多运用社会方式。多主体在平等协商的基础上，实现各种方式的协同共治，达到效能最大化。本研究重点探讨的议题之一即各个主体如何在教育扶贫过程中建立多元协同机制。

（三）教育扶贫目标：多元效果整合

教育扶贫的最终目标是改善贫困地区教育水平，帮助贫困人群脱贫致富，消除不平等现象，促进社会和谐发展。教育扶贫的目标包含两层涵义，其一是"扶教育之贫"，以行政、市场、社会协同作用拉近区域教育差距，推进教育平衡发展。其二是"用教育扶贫"，通过教育发展，加强人力、科教等资源对经济的推动作用以实现扶贫效益。就教育扶贫而言，无论是对教育公平的追求，还是对经济效益的追求，其最终目的都是提升人民的生活质量，两者处于同等重要的位置。如何将教育扶贫的多元效果进行整合也是本研究将要重点探讨的议题。

三 创新点

1. 分析了贫困地区教育扶贫的理论价值和现实意义，通过对贵州省 DF 县的实地调查，真实记录贫困地区的教育环境和教育状况，深入了解教育扶贫政策及措施实施的情况，探讨我国贫困地区教育贫困的特点和教育贫困产生的原因。

2. 将教育扶贫置于社会治理的理论框架中进行探讨，分析教育扶贫中政府、市场和社会组织的关系，厘清政府、市场和社会组织在教育扶贫中的角色定位、作用边界和互动关系，分析政府、市场、社会各治理主体参与教育扶贫的实践领域、行动机制、运作逻辑和行动困境等，并从多元主体互动、治理体系构建、治理效果整合等方面分析教育扶贫的成效，在一定程度上丰富和深化了政府、市场和社会关系的研究。

3. 理清了教育与贫困间相互作用的关系，在探析教育贫困治理逻辑的前提下探索优化教育贫困治理效果的路径，并尝试从理论层面拓展社会治理的研究范围，拓宽了教育扶贫研究的视域，从实践层面提出了推进和深化教育扶贫的政策建议。

第四节　研究方法

本研究主要采用了参与观察法、深度访谈法和扩展个案法等方法来搜集和分析资料，具体如下：

一　观察法

观察法是定性研究的方法。研究者通过参与研究对象的日常生活，观察研究对象的生活，搜集与研究主题相关的信息。本研究通过对贫困乡、贫困村的实地考察，走进农户及山村中小学，运用多种观察方法，直观了解贫困地区的真实情况，以社会学的视角观察、记录农村贫困人口的生活情况，考察教育扶贫的进程及效果。

二　深度访谈法

本研究通过深度访谈法收集研究对象的情况，把握不同贫困人群的生活环境、致贫原因和教育现状，并在此基础上挖掘深层原因，探寻解决办法。笔者在DF县深入不同的目标群体进行深度访谈，访谈对象主要有五类人：一是参与政府扶贫和教育扶贫的工作人员，通过访谈了解政府在教育扶贫方面的方针和举措、遇到的困难和瓶颈，以及今后的工作方向和展望；二是贫困地区的学校负责人和相关教师，了解他们对教育扶贫的看法和态度；三是乡镇干部和村干部，了解教育扶贫政策的具体实施状况,获知扶贫的成果和困难;四是学生;五是家长。通过对教育扶贫对象的访谈,了解他们的实际需求与想法。同时笔者还走访了许多政府有关部门,获取与本课题有关的资料。

三 扩展个案法

扩展个案法是英国曼彻斯特学派社会人类学创始人格鲁克曼(Max Gluckman)提出的,旨在修正参与观察法的定性研究方法。社会学研究需要回到行动者所处的现实生活状态中,才能更好地去解释其所赋予自身行动的意义。个案能够以小见大,解剖一个个案,是为了了解深层结构,抓"典型",洞见特有的意义。布洛维在操作技术和理论上进一步完善了这种研究方法。扩展个案法从理论出发,审视现实中的问题,发掘理论生长点,从而修正并丰富理论。[1] 本研究通过扩展个案法,收集教育扶贫的典型案例,真实反映目前我国贫困地区教育扶贫的实施情况、效果和其对贫困家庭带来的变化与影响,以事实来丰富论据,提高研究的真实性和说服力。

---

[1] 卢晖临、李雪:《如何走出个案——从个案研究到扩展个案研究》,《中国社会科学》2007年第1期。

第三章 教育扶贫政策的演变及发展

20世纪80年代以来，我国开始了有组织、有计划的大规模扶贫活动，扶贫工作不断地走向精细化、精准化，由救济输血式扶贫逐渐转向提高贫困地区和贫困人口自我发展能力的造血式扶贫，探索出了一条具有中国特色的贫困治理道路，取得了举世瞩目的成就。

教育扶贫是中国特色贫困治理模式的重要组成部分。从贫困发生机制的角度分析，贫困人口综合能力较低，其市场竞争力低于其他受过较高素质训练的群体，这既是他们贫困的原因，又是贫困所造成的结果，两者之间形成一种恶性循环。要彻底消灭贫困，就必须通过教育对贫困人口进行综合素质的强化和改造，斩断贫困恶性循环的链条。[1]

第一节 教育扶贫的发展历程

一 改革开放伊始到"八七扶贫攻坚"时期的教育扶贫

1978年十一届三中全会以后，在改革开放的推动下，我国的农村经济得到快速发展，贫困状况有了很大改善，贫困人口大幅度减少。但是，农村贫困人口的绝对规模仍然很大。贫困地区教育落后和人口素质低下是导致贫困的重要原因。1984年9月30日，中共中央、国务院发

---

[1] 林乘东：《教育扶贫论》，《民族研究》1997年第3期。

布《关于帮助贫困地区尽快改变面貌的通知》，标志着我国政府消除贫困正式行动的开始。《通知》非常明确地把"增加智力投资"作为一条重要措施，要求在贫困地区有条件地发展和普及初等教育，重点发展农村职业教育，加速培养适应山区开发的各种人才。这是我国政府文件中第一次明确提出教育扶贫的政策要求。

1988年，国家教育委员会提出实施"燎原计划"，其主要内容是推进农村的教育改革，发展种类丰富的职业教育，让农村的教育发展更贴合实际需要。通过普及知识技术，提高农民的素质和生产技能，促进农民的收入增长和生活水平的提高，达到农村教育与经济的共同发展。

1994年，国务院制定和发布的《八七扶贫攻坚计划》要求积极推进我国农村、特别是贫困地区农村的教育改革，改变农村教育文化落后的状况，扫除文盲，开展成人职业教育培训。提高学龄儿童的入学率和巩固率，帮助贫困地区群众学习技术，开拓新的增收渠道。

1995—2000年，我国开始实施第一期"国家贫困地区义务教育工程"。在这一时期，中央财政投入39亿元，地方财政配套87亿元，集中在22个省、自治区、直辖市及新疆生产建设兵团的852个贫困县实施，成为新中国成立以来中央级专项资金投入最多、规模最大的义务教育扶贫工程。与此同时，与收费改革体制相配套的奖学金、贷学金、勤工助学、特困生补助等政策也在实践中不断得到完善。

二 《中国农村扶贫开发纲要（2000—2010）》实施时期的教育扶贫

2001年，国务院颁布《中国农村扶贫开发纲要（2000—2010）》。《纲要》强调了科学技术对扶贫的促进作用，提出把"对农民的科学技术培训"作为扶贫开发工作的一项重要任务，紧抓贫困地区群众科技文化教育，提高群众的综合素质。《纲要》要求继续巩固发展基础教育，把农业发展与科教发展相结合，进一步加强对贫困地区劳动力的职业培训，帮助劳动力转移就业，做好普通教育、职业教育、成人教育统筹的工作。

第三章 教育扶贫政策的演变及发展

2001—2005年"十五"期间，中共中央、国务院继续实施第二期"国家贫困地区义务教育工程"。中央财政投入50亿元，地方财政配套23.6亿元，在中、西部19个省、自治区、直辖市和新疆生产建设兵团的522个县级单位实施，共覆盖人口1.24亿，其中少数民族人口0.49亿，占总人数的40%。中央专款的分配向西部地区倾斜，为西部地区安排的资金占到中央专款的90%以上。[①]

2003年，国务院颁布《关于进一步加强农村教育工作的决定》，强调农村教育在全面建设小康社会中的重要地位。《决定》指出，农村教育是提高劳动者素质，提高农民劳动技能和创业能力的关键，加快农村教育发展能促进农村经济社会建设的协调发展。文件重点强调了巩固基础教育和拓展职业教育的重要性，要求落实农村义务教育"以县为主"的管理体制，并要求加强实施远程教育工程，促进各地的优秀教育资源共享。

2004年底，中共中央国务院发布《关于进一步加强农村工作提高农业综合生产能力若干政策的意见》，明确提出进一步发展农村的教育、卫生、文化等社会事业，保证教育等事业经费至少70%以上用于县以下的行政单位（如镇、村），力争农村义务教育阶段的贫困学生在2007年底能享受到"免书本费、免杂费、补助寄宿生活费"的补助政策。

2005年，国务院印发《关于加快国家扶贫开发工作重点县"两免一补"实施步伐有关工作意见的通知》，指出贫困家庭里若有义务教育阶段的学生，即可被纳入"两免一补"的受助范围。这一政策的实施减轻了贫困家庭子女上学带来的经济负担，有助于巩固农村地区义务教育阶段的就学率，完成贫困地区基础教育的普及工作。

2006年起，国务院扶贫开发领导小组办公室面向贫困地区实施

---

① 人民日报社：《第二期国家贫困地区义务教育工程实施》，《人民日报》（海外版）2002年5月1日第1版。

"雨露计划"。"雨露计划"以政府主导、社会参与为特色,以提高素质、增强就业和创业能力为宗旨,以中职(中技)学历职业教育、劳动力转移培训、创业培训、农业实用技术培训、政策业务培训为手段,以促成转移就业、自主创业为途径,帮助贫困地区青壮年农民解决在就业、创业中遇到的实际困难,发展生产、增加收入,最终促进贫困地区经济发展。

2011年,中共中央、国务院颁布《中国农村扶贫开发纲要(2011—2020年)》,提出了"到2020年,稳定实现扶贫对象不愁吃、不愁穿,保障其义务教育、基本医疗和住房"的总体目标,同时,《纲要》提出普及学前教育。在继续巩固义务教育、发展职业教育的基础上,推进集中办学,增加寄宿制学校的数量,继续推行各种学费减免政策和补贴政策,推动农村中小学学生的健康营养改善工作。在协同机制方面,加强东西部合作,帮助农村劳动力接受技能培训和就业输出。

三 2012年以来精准扶贫时期的教育扶贫

2013年,国务院发布《关于实施教育扶贫工程的意见》,系统性地对教育扶贫的实施和推进提出了明确的要求,指出了教育扶贫工作的主要任务:(1)全面提升加强贫困地区的基础教育,包括巩固义务教育水平、重视和推进学前教育的发展、鼓励普通高中的多样性发展、发展特殊教育、发动教师到片区从教等。(2)继续加速推进现代职业教育的发展,尤其是就业有保障、能服务当地优势产业的专业,实施中等职业教育协作计划,开展东西部学校对口支援行动,在社会上广泛开展职业技能培训,让一些未接受普通中等教育的人群接受职业技术培训。(3)提高高等教育的服务能力,以片区为单位合理调整学科专业的配置,提高片区内高等教育质量,加大面向贫困地区的招生倾斜力度,并以高校为主体协作展开教育扶贫工作。(4)加强对学生的自主和保障水平,完善资助政策。在资金和人才方面为贫困地区的教育发展提供政策支持与保障。

2014年，国务院办公厅印发了《关于创新机制扎实推进农村扶贫开发工作的意见》，确定了教育扶贫的主要工作内容：第一，保证农村义务教育的覆盖面，合理分配教学点，保障学生做到就近入学。第二，重视职业教育的发展，支持中、高等职业学校发展各有特色的优势专业，对口培养能支持当地特色产业发展的技术型人才。同时，鼓励发达地区的院校对经济落后地区的职业院校进行对口支援，帮助贫困地区职业教育的发展。第三，加强国家的教育投入，制定奖励补贴政策，为贫困地区的教育扶贫提供物质、资源上的支持。第四，继续推进"面向贫困地区定向招生专项计划"和"支援中西部地区招生协作计划"，在招生上保持一定的政策倾斜，为贫困地区学生提供更多接受高等教育的机会。第五，通过一系列政策实施与调整，完善我国教育扶贫体系，在保证农民摆脱贫困的基础上，为我国现代化建设提供更多有知识有技术的人才。

2015年11月29日，中共中央、国务院发布《关于打赢脱贫攻坚战的决定》，把扶贫开发工作作为重大政治任务，并把教育扶贫作为脱贫攻坚战的重要措施，要求"着力加强教育脱贫，让贫困家庭子女都平等享受到优质的教育，阻断贫困代际传递"。

2016年，国务院颁布《教育脱贫攻坚"十三五"规划》，强调遵循教育优先、分类施策、就业导向、政府主导的基本原则，以精准扶贫、精准脱贫为基本方针，扎实开展教育扶贫工作：（1）夯实教育脱贫的根基，扎实保障和提高贫困地区的学前教育和九年义务教育水平，加强和改善师资质量和乡村教师待遇问题，加强对特殊群体的照顾与支持。（2）提升就业与脱贫能力，加大中等职业教育的发展力度，将其作为普及高中阶段教育的重点任务，对职业学校的贫困家庭学生加大补助的力度和覆盖面。各部门合作开展公益性职业培训，帮助农民学习新的职业技能，实现脱贫与农民技能培训、再就业的精准对接。

随着经济社会的发展，我国的贫困状况发生了巨大的变化，教育扶贫政策也相应做出了诸多调整。在教育扶贫理念上，将教育优先的理念与精准扶贫理念相结合，着力推动教育的均衡化发展，缩小地区、城乡间的教育差距,让贫困地区的群众通过教育扶贫,能享受到与经济发达地区一样优质的教育资源,确保教育的公平与公正;在教育扶贫内容上,从传统的以基础教育为中心转向基础教育、职业教育、思想文化教育并重;在教育扶贫范围上,逐步扩大教育扶贫的覆盖面,从学前教育到成人教育,让贫困地区的群众享有终身学习的机会;在教育扶贫方式上,将扶贫与扶智、扶志结合,将行政手段与市场手段、社会手段结合,实现精准扶贫精准脱贫。

第二节 教育扶贫政策的主要内容

一 转变教育扶贫理念

随着社会环境和经济状况的变化,我国的教育状况发生了翻天覆地的变化,教育扶贫的政策也随之不断地调整与发展。从整个教育领域的相关政策来看,我国对教育发展的要求是树立科学的教育体系与教育理念,巩固贯彻教育优先的发展方针,确保教育公平,提高教育质量,缩小地区、城乡的教育差距,让所有民众都能有终身学习的机会,能享受到优质的教育资源。2013年,国务院在《关于实施教育扶贫工程意见的通知》中指出,要充分发挥教育在扶贫开发中的重要作用,推进教育强民、技能富民、就业安民,并把教育扶贫作为扶贫攻坚的优先任务。同年,《中共中央关于全面深化改革若干重大问题的决定》提出,要深化教育领域的综合改革,大力促进教育公平,健全家庭经济困难学生资助体系,统筹城乡义务教育资源均衡配置,健全政府购买服务等制度,鼓励社会组织参与教育扶贫。这些政策肯定了教育扶贫在扶贫攻坚工作中的中心地位,强调了我国缩小教育水平区域差异、解决城乡教育发展不平衡现象的决心,为教育扶贫的推进与实施提供了理念指导。

二 重视教育基础设施建设

开展教育扶贫工作,必须以教育事业的发展为基础。要想用教育扶贫，首先要扶教育之贫，加强贫困地区的教育基础设施建设是教育扶贫的第一步。1995年，国务院开始实施"国家贫困地区义务教育工程"，计划在1995年到2000年的五年间，投入39亿元专项资金，在852个贫困县实施"两基"（基本普及九年义务教育和基本扫除青壮年文盲）推进工作。"十五"期间，国家再次投入50亿元专款，在贫困县新增改建小学10663所，培养中小学教师、管理人员等46.7万人。2001年，国务院发布《关于基础教育改革与发展的决定》，明确提出坚持基础教育优先发展的原则，进一步完善农村义务教育管理体制，统一规划农村学校的基础设施建设，合理安排学校分布和布局，保证教育资源的优化配置。2003年，国务院颁布《关于进一步加强农村教育工作的决定》，把加强贫困边远地区的学校建设、卫生设施建设和提高食宿条件划为工作重点，要求建立健全农村中小学校舍的维护保障机制，确保对农村义务教育、职业教育、扫盲教育等的经费投入。"十二五"期间，中央财政累计投入资金831亿元改造义务教育薄弱学校。国务院和教育部在《"十三五"脱贫攻坚规划》（2016）、《国家教育事业发展"十三五"规划》（2017）中，也重点要求改善贫困地区的办学条件，加强农村寄宿制学校建设，优化农村学校区域布局，完善义务教育就近入学制度。这些政策的实施，较好地解决了农村及经济欠发达地区教育基础设施落后、学校容纳能力不足等问题，改善了学校教学条件，为提高教育质量和教学水平提供了坚实的物质基础。

三 统筹教育扶贫资源

推进教育资源共享是实施教育扶贫、促进教育均衡化发展中至关重要的一环，贫困地区的教育资源不足严重限制了当地教育事业的发展，而教育发展水平落后又进一步加剧了教育资源的落后，形成恶性循环。合理统筹教育资源分布，首先要从加强区域间资源共享，提高教育资源利用率做起。2013年，国务院办公厅在《关于实施教育扶贫工程意见的通知》中提出，中央要加强对扶贫资金的统筹，充分利用中小学布局调整的富余资源和其他资源发展学前教育，建成学前教育网络。鼓励教师到片区从教，填补贫困地区教师资源的缺口。高等教育方面，要给予贫困地区一定程度的政策倾斜。推进教育信息化的运用，加强远程平台的资源共享。同年，《中共中央关于全面深化改革若干重大问题的决定》颁布，提出要深化教育领域综合改革，统筹城乡义务教育资源的均衡配置，在加大对农村义务教育资源投入的基础上，采取城乡学校对口支援、教师对口支教等方式统筹推进教育资源的均衡分配。2016年，国务院颁布《教育脱贫攻坚"十三五"规划》，要求中央财政一般性转移支付、专项转移支付资金向贫困地区和贫困人口倾斜，教师特岗计划优先满足贫困地区的需要，并加强优化学校的布局配置，保证教育资源的合理分配。这些政策有效缓解了我国教育发展区域不平等问题。

四 完善教育扶贫资助体系

国务院在2004年、2005年印发的《中共中央国务院关于进一步加强农村工作提高农业综合生产能力若干政策的意见》与《关于加快国家扶贫开发工作重点县"两免一补"实施步伐有关工作意见的通知》中，强调落实对义务教育阶段贫困学生的"两免一补"政策，并从2005年春开始提高教科书的补助，小学每学期每人可领取补助费35元，初中阶段70元，特教35元。这些政策的实行减轻了贫困家庭因子女上学而带来的经济负担，有助于巩固农村地区义务教育阶段的就学率，完善贫困地区基础教育的普及工作。高等教育方面，财政部和国家教委颁布了《关于普通高等学校设立勤工俭学助学基金的通知》（1993）、《关于普通高等学校经济困难学生减免学杂费有关事项的通知》（1995）、《普通本科高校、高等职业学校国家助学金管理暂行办法》（2007）等一系列文件，帮助经济困难的高校学生减轻负担、完成学业。2016年8月，财政部、教育部印发《关于免除普通高中建档立卡家庭经济困难学生学杂费的意见》，免除建档立卡困难户中高中在读学生的学杂费。同时，为贯彻精准扶贫理念，教育部办公厅还颁布了《关于进一步加强和规范高校家庭经济困难学生认定工作的通知》,加强了对资助对象的甄别工作,增强了教育资助发放的精准性。

五 创新教育扶贫工作机制

2003年,国务院颁布《关于进一步加强农村教育工作的决定》,要求落实农村义务教育"以县为主"的管理体制。《中共中央国务院关于进一步加强农村工作提高农业综合生产能力若干政策的意见》中,部署了对县以下行政单位的扶贫工作要求。2013年,习近平在湖南省湘西州十八洞村考察时提出了"精准扶贫"概念。随后,中共中央发布了《关于创新机制扎实推进农村扶贫工作的意见和通知》《关于印发〈建立精准扶贫工作机制实施方案〉的通知》,详细阐释了精准扶贫的定义、目标与任务,标志着我国的扶贫攻坚进入到精准扶贫、精准脱贫的新阶段。文件要求建立精准扶贫工作机制,以县为单位建设扶贫信息网络系统,逐村逐户制定帮扶措施。国务院在《关于实施教育扶贫工程意见的通知》中指出,我国教育扶贫的基本原则是要分类指导、因地制宜,各种政策要分步执行,不搞"一刀切"。《教育脱贫攻坚"十三五"规划》中提出,教育扶贫要准确把握不同地区、不同群体的教育需求,分类施策、精准执行。相对于以前的粗放式扶贫,精准扶贫更加科学化,更加具有针对性与实效性,这是我国在扶贫领域的一项重大创新,它使区域性瞄准机制与扶贫工作的实施机制进一步精细化。精准扶贫战略的实施,为教育扶贫工作机制的创新提供了更加强大的推动力。

六 强化教育扶贫监管

在教育扶贫工作的组织实施方面,针对以往工作中存在的工作流程不透明、资金落实不到位、评估标准不规范、督查反馈不明确等问题,我国出台了一系列相关政策强化和完善教育扶贫监管体制。《中国农村扶贫开发纲要(2001—2010)》提出,扶贫工作要加强政策保障,重视财政资金的管理与落实。2016年,《教育脱贫攻坚"十三五"规划》

颁布，要求严格考核督查评估，将教育脱贫攻坚工作纳入地方政府的工作考核范围，并实行国家重点督查、省市定期巡查、县级内部自查的督查机制，提高扶贫工作信息透明化。同时要求相关部门加强扶贫开发统计和监测工作，提高相关信息收集、反馈和发布的公开化与透明度，保证贫困地区的情况能得到真实的反映。同年，国务院颁布《脱贫攻坚督查巡查工作办法》，要求由扶贫办负责组织和领导扶贫督查工作，并成立巡查组，不定期开展巡查工作，严格遵循"制定方案、实地督查巡查、报告情况"的工作流程，巡查反馈的整改意见应向社会公开。在这些政策的推动下，扶贫监管机制不断地成熟起来，国家领导机构、地方政府、社会间的信息传递更加透明，各级政府间的成果反馈和信息对接也更加及时。这些政策不仅为教育扶贫树立了科学的行为规范与准则，还为教育扶贫政策的落实提供了有效保障，提高和巩固了教育扶贫治理的水平和效果。

这一系列中央层面的教育扶贫工作政策文件指明了教育扶贫工作的意义、目标、任务、方式、要求等。此外，根据帮扶贫困县贫困问题的不同类型和具体成因，中央各相关部门和各级地方政府也出台了针对性政策措施，形成了相互支持、协同发力的政策系统，构建出一套完备的政策体系，有效地指导了教育扶贫工作的实践。

第三节 教育扶贫政策的特点及作用机理

一 教育扶贫政策的特点

在长期的实践中，我国针对社会背景、文化环境、经济发展的实际情况和变化，制定了一系列教育扶贫政策。从教育扶贫的对象、内容、主体、方式、手段等角度看，我国教育扶贫政策具有以下特点：

（一）教育扶贫对象全程化

我国政府不断拓宽教育扶贫的覆盖范围，从学龄教育逐渐向学前教育、职业教育和继续教育领域扩展。学前教育方面，着力加快构建学前教育体系，尤其是农村及贫困地区的学前教育网络的构建，逐步提高贫困地区的学前入园率。学龄教育方面，进一步巩固九年义务教育的水平，推进贫困地区义务教育阶段学校的标准化建设，保障义务教育的办学质量，落实好学龄阶段的学生资助政策，保障学生顺利完成教育。职业教育阶段，大力发展职业教育，把中等职业教育作为普及高中阶段教育的重点工作内容，加大对职业教育的政策和资源倾斜，加强对职业学校学生的补助力度，并在此基础上深化职业教育的教学模式创新，加快职业教育的信息化建设，通过东西部协作、校企合作、产教融合等手段，拉动贫困地区的职业教育事业发展。除依托于学校的职业教育外，农民技术培训也是政府教育扶贫的一大手段，技术培训通过相对短期、有针对性的训练，帮助农民掌握生产、种植等实用技术，通过联合企业、职业院校展开合作培训，确保师资水平和培训内容的专业性，带领农民快速掌握实用技能、脱贫致富。继续教育方面，政府加快继续教育的发展速度，制定了一系列文件为高等学历继续教育专业、老年教育、社区教育的发展提供政策支持，同时，推进国家级农村职业教育和成人教育示范县的创建，鼓励高等院校在贫困地区设立远程办学点，帮助贫困地区的群众享受继续教育的相关资源。通过全程化的教育扶贫，进一步保障了贫困群众接受教育的权利，让受助者在人生的每一个阶段都能享受到相应的政策扶持，为建立全方位的教育扶贫体系提供了有力保障。

(二) 教育扶贫内容丰富化

在内容上，教育扶贫不再局限于传统的学校文化课。在当下激烈的市场竞争当中，只有全面发展的高素质人才，才能在竞争中取得优势地位。政府及相关部门在巩固义务教育的基础上，逐渐重视对贫困人口的技术、思想、价值观、意识形态、生活习惯等方面的教育与培训。教育扶贫一方面持续提高义务教育巩固率，加强基础文化教育在贫困地区的覆盖度；另一方面，进行教育改革，丰富教学内容，对体育、艺术等课程的设置提出明确要求，让贫困地区的学生也能和经济发达地区的学生一样享受到多样化的素质教育。政府还通过教育与产业的结合,依托当地的地方特产、民间文化等资源,因地制宜地提供相关的产业培训和技术培训,发展地方特色种植业、乡村旅游、文化产品、民间技艺等特色产业。除了书本上的知识技能,政府还强调对思想意识的教育与培养,以社会主义核心价值观为指导,将思想政治工作贯穿教育扶贫的全过程,加强爱国主义教育,帮助贫困群众树立正确的人生观、价值观、国家观、民族观。此外,政府还着力提高贫困群众的社会责任感,培养贫困群众的"志气",落实教育立德树人的根本任务,帮助贫困人口加强个人品德素养,激发其创新创业精神,加强科学化素养与信息化意识的培养,帮助他们成为全方面发展的现代化人才。教育扶贫内容的丰富化,大大提高了贫困人口的综合素质,培养了贫困人口的发展能力。

(三)教育扶贫主体社会化

随着社会经济发展,贫困的复杂性问题也逐渐显现。贫困的复杂性是指贫困人口众多、贫困结构复杂、贫困成因多样化、贫困表现多方面等。贫困结构是以生存贫困为内核,与随着社会经济发展而拓展的能力贫困、人文贫困等各个层面向外围延伸,它通常在区域结构、家庭结构、民族结构、性别结构等方面以复合形式表现出来。[1] 贫困的复杂性决定了只有实行多元主体共治,才能真正彻底、全面地治理好贫困问题。教育扶贫工作实施以来,其参与主体也呈现出多元化的趋势,具体表现在教育扶贫主体数量的增长与扶贫主体的多样化。教育扶贫主体来自各个不同部门,其中,国家确定的帮扶单位主要有中央和国家机关——包括中央组织部、国家扶贫办、教育部、国家发改委、人力资源社会保障部、财政部等,参照公务员管理的事业单位、各人民团体、国家重点科研院校、大型企业等。此外,地方各级党政机关也高度重视教育扶贫工作,各级政府部门的党员干部更是深入贫困农户,一对一精准

---

[1] 向德平、黄承伟主编:《中国反贫困发展报告(2014)——社会扶贫专题》,华中科技大学出版社2014年版,第10页。

帮扶。市场和社会方面，国有企业、民营企业、商业机构、金融机构、基金会、专业社会组织等不同主体也逐渐参与进来。各个教育扶贫主体充分发挥自身优势，有效推动了我国教育贫困治理的进程。

(四) 教育扶贫方式多元化

在长期的实践中，我国的贫困治理逐步实现由单一模式向多元化模式的转变。随着贫困概念的延伸、贫困问题的复杂化，单一模式已经无法满足我国脱贫攻坚任务的需要。改革开放初期，我国的扶贫政策以大规模拉动经济增长为主，如实施家庭联产承包责任制，推进农村生产力发展；开放农贸市场，促进商品交易和市场的繁荣；发展地方特色产业，带动区域经济发展等，这些政策的实施促进了经济发展，带来了明显的反贫困效果，但也存在政策过于粗放、可持续性不强等问题。此外，传统的救济式扶贫模式，往往会让受助群众产生"等靠要"的消极思想。教育扶贫帮助贫困群众掌握知识和技术，赋予他们自力更生、自我发展的意识和能力，能够变"输血"为"造血"。教育扶贫能够改变贫困群众个人素质与思想水平，帮助其从观念上摆脱贫困带来的束缚，真正做到自立自强。此外，教育扶贫还能与产业、行业、生态扶贫等模式相结合，从不同层面为我国的脱贫攻坚战略提供全面有力的支撑。

(五) 教育扶贫手段精准化

教育扶贫的目标十分明确，以教育手段，通过改善贫困地区的教育资源不足、教育水平落后问题，提高贫困地区的人口素质与能力，带领贫困人口脱贫致富，拉动区域经济发展。教育扶贫的内容是十分具体且具有针对性的，它直接对应贫困地区的教育发展情况，引导教育相关的设施、技术、人才等各类资源优化配置，充分发挥知识技能与优秀人才对地方脱贫致富的核心拉动作用。

教育扶贫的最终目标是教育发展的均等化，使贫困地区的教育状况达到国家平均水平，保障各地教育事业均衡发展，消除教育贫困带来的各种不平等现象，最终达到经济文化的共同繁荣。虽然在目标上追求一体化、均等化，但在相关教育扶贫政策的实施上，应该充分考虑贫困地区和贫困人群的致贫原因，有针对性地出台相对应的扶贫措施，实现扶贫效果的精准化。教育扶贫政策的实施主要通过政府统筹，再由各下级政府根据实际情况有针对性地确立工作方针，分类规划，分级管理，以此提高扶贫工作的效率和精准性，确保有效达成促进贫困地区教育事业发展、弥补贫困地区教育短板的目标。教育扶贫最初聚焦于国家扶贫开发工作重点县，根据贫困县的实际情况，调配布局教育资源，改善教育基础条件，保证当地群众平等受教育的权益。不过，在实际操作中，以贫困县为对象的扶贫出现了扶贫政策落实不到位、资金使用不科学、扶贫成效不高等问题。为了实现"真扶贫、扶真贫"目标，教育扶贫对象开始由贫困县向贫困乡镇、贫困村和贫困户下移。特别是在精准扶贫工作机制建立之后，教育扶贫工作更是进行了针对性调整，全面围绕"精准扶贫""精准脱贫"的理念展开，遵循精准识别、精准帮扶、精准管理、精准考核的原则，逐村逐户制定帮扶措施，精准甄别贫困户，为建档立卡贫困家庭子女提供精准帮扶。《教育脱贫攻坚"十三五"规划》中指出，教育扶贫要贯彻"分类施策、精准发力"的原则，准确把握不同地区和群体的需求，分类制定教育脱贫举措，突出工作重点，找准教育脱贫实施路径，推动教育脱贫政策的精准实施、脱贫资金的精准投放。这些举措强化了教育扶贫举措的针对性，大幅度提高了教育扶贫的力度与效果。

二 教育扶贫的作用机理

教育扶贫作为我国扶贫攻坚战略中的重要一环，不仅能帮助贫困群众提高个人能力、脱贫致富，还能拉动贫困地区整体的经济发展，促进区域经济繁荣。对贫困家庭与个人来说，教育扶贫能帮助贫困人口提高知识与技能水平，提升其思想与道德素质，帮助其拓宽就业途径与增收渠道，改善个人及家庭的经济状况。对贫困地区来说，教育扶贫能提高区域内教育水平，丰富地区内人力资源储备，激发科技文化相关产业的活力，同时，还能提高生产力水平，带动区域内经济文化的全面发展。我国教育扶贫的作用机理主要包括以下几个方面：

(一) 提高贫困人口脱贫的内生动力

教育扶贫不仅推动了贫困地区文化、经济、社会建设，更重要的是培养了扶贫对象的自我发展能力，激发了农民自主脱贫的内生动力，提高了贫困群众的"智力"和"志气"，帮助他们自力更生、脱贫致富。

(二) 提高贫困人口的发展能力

教育扶贫不仅能改变贫困人口的经济状况，也能影响其下一代的命运，通过教育扶贫，让贫困人口更加重视教育尤其是其子女的教育，使他们的下一代有一个良好的教育环境，斩断贫困代际传递的恶性循环链条。

(三) 促进贫困地区经济发展

生产力水平低下是贫困地区经济落后的重要原因，促进经济增长和减少贫困的一个重要途径就是农业生产率的提高。[①] 大部分贫困地区缺乏先进的农业生产技术，农业生产力难以提高，第二、三产业也难以发展。教育扶贫能为贫困地区提供更多拥有知识技术的人才，加强当地的人力资源储备，推进当地科学教育事业的整体性发展，带动生产技术的进步，从而推动社会经济文化的发展。

(四) 促成教育资源的均衡公平分配

我国的贫困地区大多集中在中西部偏远山区，贫困的区域化现象明显，城乡二元经济体系拉大了城市和农村发展的差距，贫困人口难以获得优质的社会资源，同时，文化差距导致他们难以打破阶层壁垒向上级阶层流动。要实现共同富裕、全面建设小康社会的目标，归根结底就是要解决城乡区域发展不平衡的问题，缩小城乡差距，让农村摆脱贫困，达成社会经济的均衡发展。贫困人口缺乏先赋的经济条件与教育环境，缺乏个人发展所需的社会资源支持，而低下匮乏的个人能力、社会地位

---

① 郭熙保：《论贫困概念的内涵》，《山东社会科学》2005 年第 12 期。

和社会交往关系又形成了其进入主流阶层的阻碍。在这样的现实背景下,最有效的方法是开展教育扶贫,加强对贫困人口的知识教育与技能培训。因此,教育扶贫能够促进阶层流动。①

(五)创新扶贫理念和方式,完善贫困治理体系

我国传统的扶贫模式主要是以物资救济为主的应急式扶贫,后来,逐步转向通过拉动经济整体性发展来缓解贫困,如推动农村生产制度改革、开放市场、发展产业等。这些扶贫措施主要是从外部条件入手,用拉动经济增长的方式来解决贫困问题。教育扶贫则是通过改变贫困人口的自身素质,使其发挥自身的主观能动性和自主性,自力更生,通过自己的努力改变自身的经济状况和社会地位。这种输血式扶贫方式比单纯救济式的扶贫方式更有针对性,更具长期性,也更有可持续性。

第四节 教育扶贫的政策演进及成效

一 教育扶贫的政策演进

我国在教育扶贫方面的相关政策推动了我国贫困地区教育事业的发展,大大加速了脱贫攻坚事业的进程。随着我国贫困状况的改变和扶贫政策的调整,我国教育扶贫政策也在不断变化,这些变化主要表现在以下几个方面:

(一)教育扶贫的内容由知识文化教育向职业教育、技术培训扩展

通过教育提高贫困人口素质,提升贫困人口能力,是贫困人口脱贫致富的有效途径。新中国成立到改革开放前,我国教育扶贫政策的主要重心在于发展基础教育、消除文盲,改革开放以来,特别是进入21世纪以来,随着教育事业的发展,基础教育水平的提高,在巩固基础教育的基础上,政府不断扩大职业教育的办学规模、专业多样性和招生数量,积极发展以就业为导向的职业教育。《中国农村扶贫开发纲要

---

① 王利娟:《教育:阶层传递抑或阶层流动》,《教育导刊(上半月)》2011年第11期。

(2000—2010)》强调科学技术对扶贫的促进作用，要求紧抓贫困地区群众科技文化教育，提高群众的综合素质，把对农民的科学技术培训作为扶贫开发工作的一项重要任务，帮助劳动力转移就业，做好普通教育、职业教育、成人教育统筹的工作等。2002年，国务院发布《关于大力推进职业教育改革与发展的决定》，明确了职业教育在社会主义现代化建设中的重要地位。在《关于进一步加强农村教育工作的决定》(2004)中，提出大力发展职业教育与成人教育，深化农村教育改革。国务院扶贫开发领导小组办公室在贫困地区实施"雨露计划"。"雨露计划"以提高素质、增强就业和创业能力为宗旨，以中职（中技）学历职业教育、劳动力转移培训、创业培训、农业实用技术培训、政策业务培训为手段，以促成转移就业、自主创业为途径，帮助贫困地区青壮年农民解决在就业、创业中遇到的实际困难。

  目前，我国的教育扶贫主要集中在基础教育和职业教育两个方面。在基础教育领域，由最初的普及九年义务教育、扫除文盲、提高农民的基本知识文化水平，发展到巩固义务教育、合理配置农村学校和教育设施、加大对农村教育的专项资金投入、加强对贫困家庭子女的补助力度，再到近期积极发展学前教育、加强对乡村教师的保障、提高对特殊教育的重视、促进东西部合作、推进城乡教育资源的均等化发展。在职业教育领域，党中央充分肯定了职业教育对提高劳动者素质、拓宽农民及贫困人口就业渠道、促进人力资源开发的推动促进作用，并将其列为建立科学的教育体系、完善扶贫模式、促进现代化市场经济建设的重要一环。中央对职业教育的重视程度大幅提高，对职业教育的政策支持力度逐年加大，对职业培训项目的扶持与职业教育学生的优惠与补助也在不断增加。同时，政府还鼓励通过建立合作机制，如企业对口培训、校企协作等方式，提高教学质量，加强就业保障，让贫困群众能最快最有效地从职业培训中受益，学到一技之长，脱贫致富。高等教育方面，主要是发动高校对贫困地区的对口支援，并加大招生对经济、教育落后地区的政策倾斜。

(二)教育扶贫的范围由基础教育向学前教育、继续教育延伸

我国政府逐渐加大对学龄外其他教育阶段的重视。学前教育方面，国务院《关于进一步加强农村教育工作的决定》(2003)中，提出要发展农村幼儿教育，要求各级政府利用富余的教育资源来充实扶持农村幼儿教育。2010年颁布的《中国农村扶贫开发纲要(2011—2020年)》，要求普及学前教育，争取贫困地区学前三年教育入园率得到显著提高。同年，国务院发布《关于当前发展学前教育的若干意见》，要求把发展学前教育摆在更加重要的位置，坚持公益性和普惠性，以加大政府投入、鼓励社会力量参与等多种形式增加学前教育的建设资金，强大学前教师队伍，统筹规范学前教育的制度管理。2013年，国务院发布《关于实施教育扶贫工程意见的通知》，将"加快发展学前教育"单列为一条，要求各地根据片区做好学前教育的规划，在乡镇村建设普惠性幼儿园、支教点，构建学前教育网络。2014年，国务院针对贫困地区儿童的发展状况发布《国家贫困地区儿童发展规划(2014—2020年)》，要求集中连片特殊困难地区保障儿童教育，学前三年毛入园率达到75%，并开展婴幼儿早期保教，在坚持政府主导、社会参与、公办民办并举的前提下推进学前教育。《国家教育事业发展"十三五"规划》中明确提出，要求在2020年实现学前在园幼儿数4500万人，学前三年毛入园率85%的目标。2017年，中央财政投入预算14.9亿元用于支持学前教育发展。继续教育方面，教育部相继发布《关于进一步推进社区教育发展的意见》《高等学历继续教育专业设置管理办法》等文件，重点要求创新继续教育的发展模式和体制机制，提升继续教育的服务能力，推进继续教育的发展与改革。《国家教育事业发展"十三五"规划》中强调，要加快构建终身教育制度，建立全面继续教育成果认证平台，保障教育发展方式的多样化。目前，我国已经逐渐建立起以基础教育为中心，学前教育、成人教育、特殊教育等多种教育形式相结合的教育扶贫政策体系。

(三) 教育扶贫主体从单一政府向与社会力量合作转变

教育扶贫的主体包括政府、市场、社会、社区、农户个人等。[1] 我国教育扶贫工作主要由以下三个主体构成：一是政府部门。主要包括中央、国家机关各部门、国家企事业单位、民主党派、人民团体、国家重点科研院所等。我国目前扶贫工作的原则就是坚持政府主导，分级负责、协同发力、合力攻坚。政府是扶贫工作的规划者与领导者，负责统筹、指导、管理、协调各部门、各层级的教育扶贫工作，是扶贫工作的核心。二是市场主体。市场主体不仅包括各类实体企业，还包括商业机构、金融机构、经济组织等各种市场化组织。市场主体通过投入资金、扶持产业发展等方式参与扶贫，在改善贫困地区经济状况的同时，也扩展了自身的经营范围与渠道。三是社会组织。主要包括社会团体、基金会、民办非企业单位等各类组织。社会组织参与贫困治理，能通过吸纳社会资源，扩展贫困治理的资源总量，它一方面连接着贫困社区和贫困人口的需求，让扶贫工作更加有针对性；另一方面积极与有公益意愿的企业和个人建立联系，发挥着公益供给与需求之间的桥梁作用。[2] 社会组织作为贫困治理的主体之一，以"合作者"与"服务者"的身份参与到教育扶贫工作中来。它通过与政府合作，在帮助政府提高扶贫工作效率的同时，也承担起政府与民众信息沟通的桥梁作用，扩大了扶贫的社会影响。随着教育扶贫工作的进一步发展，扶贫参与主体的范围还在继续扩展当中。

我国在政府投入、政府统筹的基础上，鼓励市场主体和社会组织积极参与教育扶贫。国务院办公厅在《关于实施教育扶贫工程的意见》中要求动员社会力量支持参与教育扶贫，鼓励社会各界，包括各类公益组织、企业、社会团体和有关国际组织积极参与教育扶贫，营造全社会

---

[1] 庄天慧、陈光燕、蓝红星：《精准扶贫主体行为逻辑与作用机制研究》，《广西民族研究》2015年第6期。
[2] 向德平、黄承伟：《中国反贫困发展报告（2016）——社会组织参与扶贫专题》，华中科技大学出版社2017年版，第7页。

共同参与教育扶贫事业的氛围。《教育脱贫攻坚"十三五"规划》提出，要贯彻政府主导下社会力量合力攻坚的原则，构建多方参与的教育脱贫大格局，要求人力资源、社会保障、教育部门会同扶贫部门，引导企业扶贫与职业教育相结合，鼓励职业院校面向建档立卡贫困户开展职业技术培训，大面积实施教育扶贫结对帮扶行动。国务院发布《关于进一步动员社会各方面力量参与扶贫开发的意见》，要求在坚持政府引导的前提下，坚持多元主体、群众参与，共同参与精准扶贫工作。要着力培养多元社会扶贫主体，创新扶贫工作的参与方式，同时完善保障措施与激励机制，为参与扶贫的社会力量提供一定的政策优惠与保障。这些措施加强了政府和社会之间的联系，疏通了社会扶贫的渠道，让扶贫政策更加贴近深入群众，保证了教育扶贫政策的效果。

二 教育扶贫政策的实践效果

在政府与社会各界的不懈努力下，我国的教育扶贫工作取得了举世瞩目的成就，贫困地区的教育水平得到了大幅度提高：第一，贫困人口学前教育得到了显著发展。我国连续实施学前教育三年行动计划，全国学前三年毛入园率由 2011 年的 62.3% 提高到 2015 年的 75%，截至 2019 年底，我国学前三年毛入园率达 83.4%，比 2015 年提高 8.4 个百分点。普惠园覆盖率达 76.01%，比 2016 年提高 8.7 个百分点。[①] 第二，贫困地区义务教育得到了有效巩固。"十三五"期间，我国九年义务教育巩固率 95.2%，99.8% 的义务教育学校办学基本条件达到基本要求。[②] 第三，贫困地区职业教育得到大力扶持，据教育部的统计数据，2019 年，全国共有职业学校 1.15 万所，在校生 2857.18 万人；中职招生 600.37 万，占高中阶段教育的 41.70%；高职（专科）招生

---

① 教育部：《2019 年全国教育事业发展统计公报》，2019 年 5 月 20 日，http://www.moe.gov.cn/jyb_sjzl/sjzl_fztjgb/202005/t20200520_456751.html，2020 年 3 月 20 日。
② 人民日报：《着力提升农村学校和薄弱学校办学水平 义务教育均衡发展巩固提高》，2021 年 1 月 27 日第 1 版：要闻。

483.61万，占普通本专科的52.90%。累计培养高等学历继续教育本专科毕业生5452万人，开展社区教育培训约3.2亿人次。"十三五"期间，中职免学费、助学金分别覆盖超过90%和40%的学生，高职奖学金、助学金分别覆盖近30%和25%以上的学生。① 第四，高等教育取得突破性进展。"十三五"期间，高等教育毛入学率不断提升，由2015年的40%提高到2019年的51.6%，在学总人数达到4002万，授予博士学位33万人、硕士学位339万人。在学研究生总规模在2020年将达300万人，专业学位硕士招生占比目前已超过60%。②

与之相应，我国的绝对贫困问题得到了解决。我国农村贫困人口从2012年末的9899万人减少到2019年末的551万人，贫困发生率从10.2%降至0.6%。2013—2019年，全国居民人均可支配收入年均实际增长7.1%，快于同期人均GDP年均增速。2019年，按照每人每年2300元（2010年不变价）的农村贫困标准计算，贫困发生率0.6%，比上年下降1.1个百分点。全年贫困地区农村居民人均可支配收入11567元，比上年增长11.5%，扣除价格因素，实际增长8.0%。③

教育扶贫是帮助贫困人口阻断贫困代际传递、稳定脱贫的根本手段，是打赢脱贫攻坚战、全面建成小康社会的核心举措。因此，要进一步重视教育扶贫工作，合理配置教育资源，提高教育质量，推进教育公平与教育均等化发展，在扶好教育之贫的基础上利用教育扶贫，帮助贫困地区群众斩断穷根，做到"脱真贫、真脱贫"。

---

① 中国青年报：《世界规模最大 突破学历"天花板"每年培养千万技能人才 我国职业教育交出亮眼成绩单》，2021年1月26日第12版：职业教育。
② 梁丹、焦以璇：《建成世界规模最大高等教育体系，服务经济社会能力显著提升——"十三五"高等教育取得突破性进展》，《中国教育报》2020年12月4日第1版。
③ 宁吉喆：《全面建成小康社会取得决定性进展 决战决胜实现目标必须加快补短板》，《人民日报》2020年7月24日第11版。

第四章　教育扶贫的多元主体

从脱贫攻坚建档立卡大数据分析结果来看，因学致贫、人力资本薄弱、技能匮乏是新时期中国农村贫困问题的重要成因之一。教育是促进社会流动的重要手段，而教育资源配置的不均衡则是阶层封闭的主要原因。教育是基本公共服务之一，国家有责任为其国民提供有质量的教育。新中国成立以来，我国政府高度重视发展教育，逐步普及了九年义务教育，基本消除了青壮年文盲，教育均衡化程度显著提升。但从现实来看，教育资源配置的不均衡，特别是中西部贫困地区教育基础设施建设滞后、师资队伍薄弱的问题依然严峻。教育扶贫既包括学校教育，还包括职业教育、技能培训、农民教育等内容。学校教育的主要对象是适龄受教育群体，而职业教育、技能教育、农民教育等则主要针对劳动力人口，其基本功能在于提升服务对象的知识和技能水平，激发其脱贫增收的主观愿望，增进其发展能力，建立可持续的生计。本研究中所讨论的教育扶贫，不仅包括针对学前教育、初等教育、中等教育、高等教育、特殊教育等国家学校教育序列的减贫行动，还包含针对贫困人口的技术教育和技能培训。在这一章，笔者基于经典治理理论，探讨政府、市场、社会协作参与教育扶贫的分析框架，重点结合中国减贫治理的独特经验语境，尝试性建构经典治理理论语境下的解释框架，为教育扶贫的实证分析提供理论框架和研究视角。

第一节 治理理论视域下的教育扶贫

实现有效减贫是政府的应尽之责，要达成有效贫困治理，必须综合运用政府、市场和社会三种资源、三种机制。① 贫困问题的成因具有复杂性，不同区域之间、社区之间、贫困户和贫困人口之间，致贫因素都有着显著的差异性。贫困成因的复杂性，决定了贫困治理需要多元主体共同参与，要综合运用政府机制、市场机制和社会机制，形成对贫困问题综合性的应对方案。

一 经典治理理论概述

20 世纪 80 年代伊始，治理理论逐步在西方学术界兴起和发展，成为公共政策领域改革的主导性理念。治理理论的产生和发展是基于对传统政府主导的公共政策行政模式的反思，强调厘清政府、市场和社会三者的边界，通过三者协同促进公共福祉的改善。经过几十年的探索和积淀，治理理论已经形成一套内容丰富、体系相对完善、适用广泛的理论。

从不同的学术视角出发，研究者关于何谓"治理"形成了若干具有代表性的观点，其中，联合国全球治理委员会 1995 年在《我们的全球伙伴关系》中所做的界定被广为接受："治理即公私机构管理其共同事务的诸多方式的总和。它是使相互冲突的或不同的利益得以调和并且采取联合行动的持续过程。这既包括有权迫使人们服从正式的制度和规则，也包括各种人们同意符合其利益的非正式的制度安排。"② 治理理论强调"多中心""多主体"理念，主张打破"二元"对立的思维定

---

① 吕方、梅琳：《"精准扶贫"不是什么？——农村转型视阈下的中国农村贫困治理》，《新视野》2017 年第 2 期。
② 全球治理委员会：《我们的全球伙伴关系》，吉林人民出版社 2001 年版，第 23 页。

式，在国家、市场与社会的关系上强调建立彼此依赖、共同协商、互相合作的关系，打造政府、市场、社会多元主体协同共治的模式。

政府、市场与社会参与的多元共治模式是一种制度创新。多元共治建立在多元主体的基础上，以开放、多层次的共治系统为执行模式，以对话、协商、合作和集体行动为共治机制，以共同利益为最终成果目标。多元共治中不再以政府为唯一的执行主体，也不是"小政府、弱政府"，而是"小政府、强政府、大社会"的共同治理模式。[①]

二 贫困治理的理想模式

经典治理理论为减贫实践提供了重要的指导和启示。回望人类社会与贫困斗争的历程不难发现，减贫过程中向来都有政府、市场和社会等多个力量的广泛参与。以德国为例，18世纪80年代，随着工业化进程的推进，德国城市贫困问题引起了政府和公众的广泛关注。为了有效应对贫困问题，汉堡、爱尔伯福等城市陆续启动了较为系统的减贫行动。在这些实践中，政府发挥了主导性作用，社会力量和市场主体也扮演了不可或缺的角色。虽然这一时期，多元力量的参与更多体现在资源的统筹上，并没有完整的理论指引，但基本已经廓清了贫困治理的"共治"格局。二战以后，一些国际援助机构致力于后发展国家的减贫，积极运用政府、市场和社会机制助力贫困问题的解决，逐渐形成了体系化的理论和方法。改革开放以来，中国的减贫事业取得了举世瞩目的成就，其基本经验在于坚持政府主导，动员市场主体和社会力量广泛参与，形成了大扶贫的工作格局。这是中国减贫经验的重要内容之一，也是对传统贫困治理理论的发展和创造性转化。

所谓"贫困治理"包括多个层面的含义：其一，贫困是一种经济发展的滞后状态，在剧烈的经济社会转型过程中，发达与欠发达、发

---

① 王名、蔡志鸿、王春婷：《社会共治：多元主体共同治理的实践探索与制度创新》，《中国行政管理》2014年第12期。

展与未发展并存,后发展的国家和地区致力于用促进经济社会发展的手段来摆脱贫困。其二,贫困是一种人类文明的伴生物。在市场化、城市化、工业化和全球化进程快速推进的过程中,贫困的内涵与形式都在不断地变化,一些社会成员在市场竞争和各类社会风险面前,容易陷入贫困状态。其三,贫困是一种制度化的弱势地位,贫困问题在一定程度上受制于个人在社会结构中的地位,贫困人口由于缺乏发现、发展自身潜能的机遇与环境,难以改变自身所处环境而陷入贫困之中。其四,贫困是一种可行能力的不足。阿玛蒂亚·森在《以自由看待发展》一书中提出,"可行能力"是一个人、一个社区有可能实现的各种可能的功能性活动之总和,是立足自身条件的发展可能性,"可行能力"的不足是社会成员难以摆脱贫困的重要原因,而这种可能性的实现,有赖于一系列改革形成相应的支持系统。综上所述,贫困问题的成因是复杂的,应该采取综合性的贫困治理策略,充分发挥政府、市场主体和社会组织的作用来解决。贫困治理能力的高低与贫困治理成效的好坏,很大程度上取决于政府、市场和社会力量的共同参与和协同共治状况。

具体来说,贫困治理有政府、市场、社会三个主体,要综合运用政府机制、市场机制和社会机制。

反贫困是政府的一项重要职能,政府在多元贫困治理格局中处于主导地位。政府运用自身的权威和职能,统筹配置资源,传递政策服务,开展贫困治理。这是建立在政府层级化组织形式上的一种自上而下的治理模式,特别是在基础设施、基本公共服务、基本制度环境等公共产品方面,政府是最重要的供给主体。

市场作为最有活力的社会经济组织参与到贫困治理的活动中,极大丰富了开发式扶贫的载体和形式。市场不仅带来资金、项目,还带来了先进技术和管理理念[①],通过赋财、赋职、赋权、赋能的模式,给贫困

---

① 张晓松:《企业是国家实施脱贫攻坚战略的重要力量》,《经济导刊》2017年第8期。

地区提高自我发展能力带来了深远的影响。[1] 贫困治理的市场机制是指市场组织在政府政策的引导和支持下，以经济和市场手段参与到公共事业建设中来，最终达到社会治理与贫困治理的目标。

社会主体主要指各类社会组织、基金会、公民自组织和公民个人。《中国反贫困发展报告（2016）——社会组织参与扶贫专题》指出，社会组织在扶贫方面有着显著的优势，具有强大的动员能力，能凝聚广泛的社会资源和社会力量，扩展贫困治理所需的资源储备。同时，社会组织专业化的特点使其能满足服务对象多元化、差异化的需求，更具灵活性和针对性。[2] 此外，社会组织及其项目的开展，更专注于特定领域和特定人群的服务，能做到精确瞄准、精准施策。[3] 贫困治理的社会机制指的是各类社会组织依据社会化的组织模式以及其自身的专业特点，带动社会力量参与贫困治理的一种机制。[4] 多主体的贫困治理符合多元利益共赢方法论，是一种符合我国国情的，能保障多元合作、互惠共赢、利益协调的社会治理模式。[5]

总体来说，通过推进政府主导、社会力量协同共治的新型治理理念，建立多元主体合作协商、互惠共赢的治理机制，有利于加强贫困治理的效率和效果。[6]

贫困治理的分析框架为我们理解贫困治理体系的构成及其运转提供了规范性的思维方法，但如果将其作为观察教育贫困治理实践的解释框

---

[1] 李健、张米安、顾拾金：《社会企业助力扶贫攻坚：机制设计与模式创新》，《中国行政管理》2017年第7期。

[2] 向德平、黄承伟主编：《中国反贫困发展报告（2016）——社会组织参与扶贫专题》，华中科技大学出版社2016年版，第7页。

[3] 向德平、黄承伟主编：《中国反贫困发展报告（2014）——社会组织参与扶贫专题》，华中科技大学出版社2014年版，第32页。

[4] 曹静：《贫困治理背景下多元主体合作机制研究》，《商丘职业技术学院学报》2014年第4期。

[5] 李亚、李习彬：《多元利益共赢方法论：和谐社会中利益协调的解决之道》，《中国行政管理》2009年第8期。

[6] 狄增如、樊瑛：《多元主体合作共治的组织与模式创新》，《工程研究——跨学科视野中的工程》2015年第2期。

架，仍有两个问题需要回答。其一，在教育扶贫等具体的实践领域，政府、市场和社会各自的角色是什么，理想的关系状态如何？其二，各主体实际发挥的作用是什么？对于贫困治理的实践成效产生着怎样的影响？如何理解多元共治背后的深层逻辑？

三 教育扶贫的多元主体

新中国成立后，特别是改革开放以来，我国扶贫力度不断加大，取得了显著成效。总体上看，扶贫的资源投入不断丰富，参与扶贫方式不断创新，扶贫主体日趋多元，扶贫机制逐渐丰富。

我国教育扶贫由政府、市场、社会三大主体组成，各主体都发挥着重要作用。从扶贫治理结构看，我国扶贫事业是以政府为主导，自上而下开展的。[1] 政府参与教育扶贫的优势，是其在资源动员、执行效力和影响力上具有权威性和主导性。然而，以往政府单一主体的扶贫模式，由于资源受限、治理不善等方面的影响，扶贫效率低下，边际效益递减。同时，政府扶贫多是以救助资源的平均化分配为主，呈现"大水漫灌"的态势。

随着我国扶贫工作的推进，扶贫已经不仅仅是政府的职责，而是整个社会的责任，需要市场主体和社会组织的主动介入和积极支持。扶贫开发工作迫切需要引入社会力量，充分发挥市场主体和社会组织的优势，调动市场和社会主体参与扶贫的积极性，拓宽扶贫渠道，丰富扶贫模式，保证扶贫开发"输血"路径的通畅和"造血"功能的正常。

作为教育扶贫的三大主体，政府、市场和社会各负其责，政府发挥主导作用，市场发挥资源配置优势，社会挖掘社会力量，三者共同在教育扶贫事业中发挥作用。贫困治理的三个主体不是孤立的，而是相互支持、协同共治，政府、市场、社会三者结合在一起，构成了教育扶贫治理的完整主体。

---

[1] 廖富洲：《农村反贫困中政府主导行为的优势与问题》，《中国党政干部论坛》2004年第9期。

教育扶贫中，政府、市场和社会三种机制共同发挥作用。政府机制是国家和政府运用国家权力系统通过行政法令等手段，来制定和推行贫困治理的目标，推进贫困治理专业化、精细化。

在充分发挥政府作用的同时，教育扶贫也要充分发挥市场的作用。市场机制是市场主体参与贫困治理的重要方式，也是有效缓解和解决贫困问题的重要方法。发挥市场的作用，运用市场化手段应对贫困问题，通过市场机制配置扶贫资源，利用利益杠杆、市场竞争调动贫困群体的积极性，激发贫困农户的发展能力，促进扶贫资源配置的效率，实现资源的有效利用。

在教育扶贫中，社会组织的参与同样发挥着不可或缺的作用。社会机制表现在贫困地区发展要素的培育，包括社区组织的发育完善，社区成员参与公共事务积极性和发展能力的提升，社区中正式和非正式的制度规则的形成等内容。[①] 社会组织在教育扶贫中有独特的治理指向，其治理内容更加丰富，也更具专业性和针对性。

贫困治理体系的三个主体和三种机制需要有效的衔接与配合。我国贫困治理体系从2000年开始逐渐成型，建立了"大扶贫"工作格局，政府、市场与社会协同的体制机制逐渐走向完善和成熟。教育扶贫中，在政府的主导下，政府、市场和社会三个主体相互配合，取得了良好的教育扶贫效果。

第二节 政府在教育扶贫中的地位

一 政府教育扶贫的定位

反贫困是政府的主要职能之一。一直以来，我国的扶贫开发工作都是一项政府行为。在扶贫工作中，政府负责各项政策的确立与执行，包括制定扶贫方针与目标，落实扶贫政策，统筹调配扶贫资源等。可以

---

① 史柏年：《治理：社区建设的新视野》，《社会工作（学术版）》2006年第7期。

说，政府是我国扶贫工作的主导力量，具有中心地位，发挥主导作用。

贫困是阻碍经济发展、影响社会稳定的最主要社会矛盾之一。党中央明确指出，消除贫困、实现共同富裕是社会主义的本质要求，是党和国家的重要使命。可以说，扶贫既是政府的义务，也是政府的职责所在。政府必须履行自身职责，实施一系列有针对性的反贫困政策，改变贫困人口在经济发展中所处的劣势地位，消减贫困，保障社会经济的稳定。[1] 政府作为一个规模庞大的主体，拥有大量不同功能与职能的部门机构，这些部门各司其职，发挥各自不同的职能，共同促进着扶贫事业的发展。我国的扶贫治理结构是一种典型的以政府行政推动主导的自上而下的管制型治理结构，是政府管理系统的延伸。[2]

在扶贫工作方面，中央设有专门扶贫的部门，即扶贫开发领导小组，它是国务院的议事协调机构，也是扶贫工作的中心执行机构。1986年，国务院成立了贫困地区经济开发领导小组，作为扶贫开发工作的专门实施机构，其主要任务是"组织有关贫困地区的调查研究；制定贫困地区发展的方针、政策和规划；协调解决有关贫困发展的重大问题；监督检查有关工作；总结交流经验"[3]，1993年更名为"国务院扶贫开发领导小组"。上至中央扶贫开发领导小组，下至地方乡镇的扶贫办，形成了一个全面立体的扶贫工作管理体系。

除专门的扶贫部门以外，国家确定的扶贫单位还包括国家机关各部门、国家企事业单位、民主党派、人民团体、国家重点科研院所以及军队武警等。这些部门和单位的工作重心不是扶贫，但通过政策、资金、技术的支持，从不同层面、不同角度推进扶贫事业的发展，如宣传部负责向社会各界宣传最新的扶贫理念与扶贫成果，对内传递中央的扶贫精神与方针，对外宣传扶贫的意义与效果；教育部、科学技术部等从专业

---

[1] 汪三贵：《反贫困与政府干预》，《农业经济问题》1994年第3期。
[2] 廖富洲：《农村反贫困中政府主导行为的优势与问题》，《中国党政干部论坛》2004年第9期。
[3] 国务院扶贫办：《中国贫困地区经济开发概要》，农业出版社1989年版，第14页。

的角度为扶贫开发、特别是教育扶贫提供了学术、技术和培训方面的支持；统计局为各级单位提供大量扶贫相关的准确数据，不仅利于精准扶贫工作的展开，还能加强各部门间信息的交流共享，推动扶贫部门考核、测评的规范化。我国出台的各项扶贫政策均强调了政府在扶贫中的领导地位。

《国家八七扶贫攻坚计划（1994—2000年）》中指明，扶贫攻坚计划由国务院扶贫开发领导小组统一组织中央各有关部门和各省、自治区、直辖市具体实施。《中国农村扶贫开发纲要（2001—2010年）》明确提出，21世纪的扶贫开发要坚持政府主导，各级党委政府要加大对扶贫工作的投入力度和工作强度，发挥优势，支持贫困地区的开发建设。《中国农村扶贫开发纲要（2011—2020年）》明确了我国扶贫开发的基本原则是政府主导、分级负责。各级政府负责本行政区划内的扶贫工作，履行目标责任制和考核评价制度。政府各相关部门间相互协作，为贫困地区提供政策、资金、编制上的倾斜，与扶贫部门形成合力。2013年，《建立精准扶贫工作机制实施方案》进一步确立了政府的职责，提出按照"中央统筹、省负总责、县抓落实"的原则来贯彻精准扶贫理念，政府相关扶贫部门要做好顶层设计、协调、指导和服务工作。2015年，中共中央国务院在《关于打赢脱贫攻坚战的决定》中，再次强调脱贫攻坚要坚持党的领导，加强政府的责任，坚持政府主导。《关于实施教育扶贫工程的意见》要求教育扶贫工程需在国务院的统一领导下，各部门（包括教育部、发改委、财政部、扶贫办、人力资源社会保障部、公安部、农业部等）建立工作协调机制，共同面对与解决教育扶贫工作中可能遇到的困难。《教育脱贫攻坚"十三五"规划》重申了"政府主导、合力攻坚"的基本原则，提出要在地方政府主体负责落实的前提下，构建多方参与、协同推进的教育脱贫大格局。

这些政策是我国教育扶贫工作的行动纲领，也是教育扶贫工作的指导方针，它们都将"政府主导"放在了重要位置，强调建立以政府为核心，市场、社会多元共治的新型扶贫模式。由此可见，政府主导是我国贫困治理的重要原则,也是教育扶贫的基本原则。

二 政府教育扶贫的优势

政府在社会治理中具有以下优势:一是行动主动性。政府主动承担社会治理的责任,向"行动者"转型,而不是单纯的放任或过分的干预。二是战略规划性。政府是扶贫战略的策划者与发动者。三是智慧监管性。政府能站在管理者的立场,运用智慧型手段进行管控,推动治理的规范化。四是灵活适应性。我国政府的执政方式正由控制导向型向合作引导服务型转化,逐渐由"稳固性崇尚者"变为"流动性倡导者"[1]。具体到教育扶贫领域,政府在教育扶贫中的优势体现在以下几个方面:

(一)政府的组织有利于贯彻扶贫政策

政府作为国家权力的行使机构,具有对社会、政治、经济进行管理、领导的权力与能力。政府是一个对公共事务具有支配性的行动者,它能设立社会发展的共同目标并确立优先权,能确保目标的一致性。在与其他社会行动者合作的过程中,政府则能充当一个掌舵者与问责者,能对工作过程进行统筹与监管。[2] 政府内部从中央到各级地方政府的分层式组织结构,是政府权力分配的产物,这种科层式的结构能让管理工作自上而下递进式地有序进行,从中央的决议开始,一层一层地向下级、地方部门扩散,在这个纵向的传递过程中,政府的覆盖范围也不断地横向延伸,形成了金字塔形的行政网络,构建了一个严格的层级负责制度。这样的行政隶属层级关系,用责任将中央及地方政府对该地区扶贫的目标强化为具体持久的行政领导行为[3],有利于各项政策的推广实施。

---

[1] 郑家昊:《政府引导社会管理:复杂性条件下的社会治理》,《中国人民大学学报》2014年第2期。

[2] 田凯:《治理理论中的政府作用研究:基于国外文献的分析》,《中国行政管理》2016年第12期。

[3] 王艳、李放:《改善我国农村反贫困中政府行为的思路与对策》,《内蒙古农业大学学报》(社会科学版)2009年第1期。

在这种组织结构下，政府横向能在各部门间搭建一个信息共享与交换的平台，纵向能为上下级之间疏通一条保持政府信息准确传达的传递通道，中央的目标在实施时委派到各个对应的下级职能部门，不仅能提高工作效率，还能保证相关政策的贯彻落实，便于各个单位及部门共同发力。这种内部责任制的层级体系，能保证政策在传递过程中的一致性，确保中央扶贫政策的统一与权威。

除此之外，政府的统筹功能使其能合理调配资金、人才等资源，最大化地运用各种社会资源。这种统筹功能有利于集中力量办大事，确保资源在有限的条件下得到合理的分配和配置，保障各项需要优先执行的政策能得到落实，通过资源的宏观调控和精确瞄准，双管齐下，使扶贫政策的效果最大化。

（二）政府的引导有利于创新扶贫模式

随着扶贫开发工作的推进，贫困的复杂性、多样性日益凸显，面对各种新的问题和矛盾，政府必须有效发挥其主动性、统筹性与权威性，推动扶贫事业的发展。

我国扶贫模式的改革与创新离不开政府的决策引导和政策支持，从救济式扶贫到开发式扶贫、造血式扶贫，既是政府对原有扶贫模式的反思与自我扬弃，也是对新扶贫模式的积极探索与创新。

扶贫是一项长期的任务，随着社会经济的发展，扶贫的目标与模式也发生着变化，精准扶贫模式正是基于我国脱贫攻坚工作的实际要求而提出的。教育扶贫是精准扶贫重要的组成部分，我国教育扶贫的覆盖范围由基础教育向学前教育、职业教育等方向拓展，这些变化与创新都是政府根据贫困群众的实际需要进行的调整、优化。在具体的教育扶贫过程中，既有加强教育基础设施建设、加大贫困学生资助力度等长期性的政策，还有一些创新性的政策与措施，如加强贫困地区学校的信息化建设，通过远程教学、信息共享等方式，促进异地间（主要是经济发达地区与贫困地区）教育资源交流，解决贫困地区课程内容落后、教学模式陈旧的问题，提高贫困地区教育水平，拉动贫困地区教育发展。为推动贫困地区教育信息化的发展，政府先后颁布了《农村中小学现代远程教育工程试点工作方案》《关于开展农村中小学现代远程教育工程三种模式应用专家巡回培训指导工作的通知》《农村中小学现代远程教育工程服务系统建设工作方案》等文件，引导贫困地区教育单位树立信息化教学、科技化教学的理念，为贫困地区教育信息化的发展提供了良好的政策引领与资源支持。

（三）政府的统筹有利于打造多元格局

社会系统是一个典型的复杂系统，具有多主体、多层次、自组织、非线性等特征[1]，在这种复杂性的影响下，多元合作成为社会治理的必然选择。改革开放以来，政府的扶贫方式由全局管制、全盘包办的单一主体模式，逐渐转向政府主导、社会力量共同参与的多元共治模式，政府与社会力量之间的互动模式由"契约—控制—服从"转向"服务—信任—参与—合作"。在多元合作这一全新理念下，我国政府通过发挥领导性、综合性的特点，正在逐步实现政府管理模式的转型。

在这样的时代背景下，教育扶贫自身也需要实现机制转型，建立合作机制、市场机制、公共资源与社会资源机制等多管齐下的扶贫机制。[2] 在多元治理的体系下，政府如同主干，其他社会力量如同主干的多个分支，这些分支只有在同一层面上均衡发力，才能保证主干的平稳和安定。政府的统筹功能可以调控社会力量间的利益平衡，通过科学系统的宏观设计来完善与健全合作机制。政府的权威性则是动员市场主体和社会力量参与扶贫的有效方式，国务院发布的《关于进一步动员社会各方面力量参与扶贫开发的意见》等系列文件，明确了政府积极培养多元社会扶贫主体、鼓励社会力量参与扶贫的态度与决心，这些政策文件为市场主体和社会组织参与扶贫工作提供了有力的政策支持。

---

[1] 狄增如、樊瑛：《多元主体合作共治的组织与模式创新》，《工程研究——跨学科视野中的工程》2015年第2期。

[2] 郑功成：《扶贫要建立多管齐下的机制》，《今日中国论坛》2007年第5期。

在多元体系下，政府不再是唯一的主体，其他社会力量有更多机会参与到扶贫工作中来。政府作为社会集体利益的代表者，不仅可以为不同领域的主体搭建沟通的平台，还能在不同阶层主体参与协商治理的过程中增进各方接触，促进社会扶贫共识的重建或达成。[1] 政府的统筹功能不仅能打通不同阶层、社会成员间的壁垒，还可以增进区域间的空间联系。政府为区域间市场主体与社会组织的合作搭建了平台，打通了渠道，对推动区域交流，构建一体化扶贫体系起到了重要的促进作用。

（四）政府的协调有利于调节利益分配

协调利益、促进共赢是保证多元主体协调发展的关键。教育扶贫中，企业、社会组织等社会力量的参与，拓宽了教育扶贫的渠道，促进了教育扶贫模式的多样化，同时，也加剧了主体构成的复杂化和差异化程度。各类主体有着不同的参与目的、经济来源与运行机制，多元主体间应是相互合作、相互平等的关系，但由于各个主体是相对独立的利益群体，资源及利益上的差距导致不同主体间的力量失衡。在这种情况下，需要政府发挥协调主体间资源与利益分配的作用。在协调过程中，政府既可以担当起群体利益分配的协调者，也能担当起群体间利益的仲裁者。政府可以打通不同主体之间沟通交流的渠道，提供申诉的平台，并依据相关法律、政策进行公平公正的审议与仲裁，化解可能发生的矛盾，调动主体参与扶贫的积极性，让各种主体得到相应的利益。

总体来看，政府既是推动社会力量协调发展的动力，也是协调多元主体利益关系的工具，政府行为不仅能在统筹规划阶段建立利益分配格局的主体架构，还能通过政策、经济补贴来调整个体间的利益格局。[2]一方面，根据各主体在扶贫工作中的责任与义务建立规范的成本分担机

---

[1] 陈旻、李呈：《多元社会治理中政府主导作用探析》，《北京政法职业学院学报》2015年第3期。

[2] 陈栋生：《论区域协调发展》，《北京社会科学》2005年第2期。

制，科学合理地分担治理成本；另一方面，建立利益补偿机制，通过财政补贴、政策倾斜、资源配给等方式协调各主体的利益平衡，增进多主体合作的公平公正。①

三 政府教育扶贫的职能

政府作为教育扶贫的主导部门，是教育扶贫工作的最大推动者。政府参与教育扶贫，不仅是政府的义务与责任要求，更是政府实现自我职能、完成职能转换的重要方式与手段。我国政府目前正处于向服务型政府转型的阶段，完善主导型政府的角色定位，更充分地发挥政府的服务职能，是正确处理政府与市场、社会关系的关键，也是政府治理模式创新的要求。政府主导不仅是职责所在，也是社会对政府的要求。政府在教育扶贫中承担着重要的职能，主要表现在三个方面：一是确立教育扶贫的发展规划；二是承担教育扶贫的资源投入；三是保障教育政策的执行与监管，完善教育扶贫体制机制。

（一）制定教育规划，发挥主导作用

教育扶贫等公共治理项目，离不开政府的规划，特别是在政府主导的扶贫模式中，发展规划是决定教育扶贫发展方向、教育扶贫推进进程、教育扶贫投入力度的核心。制定具有科学性、前瞻性、可操作性、可持续性的发展规划，是对政府能力的考验。政府在多元主体协同共治的贫困治理模式下，不仅要完成分内的工作，还要肩负起领导协调的任务。一方面，政府要发挥引领、管理和监督作用；另一方面，政府要主动放权，并赋权给市场、社会，开放市场主体、社会力量参与扶贫治理的渠道，为其提供政策与资源保障，实现政府机制、社会机制、市场机制的有机结合，建立科学且持久的多元教育扶贫机制。②

---

① 周伟、谢斌：《我国政府主导下的跨域公共问题多元主体合作治理理路探析》，《理论导刊》2015年第3期。
② 廖富洲：《农村反贫困中政府主导行为的优势与问题》，《中国党政干部论坛》2004年第9期。

（二）承担资源投入，体现组织能力

政府拥有调度公共资源，并对其进行分配的权力与责任。无论是教育资源的筹备，还是财政资源的投入，都离不开政府资源。我国政府高度重视贫困地区教育发展，持续加大对贫困地区教育事业的支持力度，加强贫困地区教育基础设施建设，加强农村学校师资建设，加强对贫困地区学生资助、补助，推进贫困地区教育信息化建设等。这些政策和措施的实施，推动了贫困地区教育的发展。

政府除了保证资源的供给，还肩负着平衡资源分布、优化资源利用的责任。主要表现在推动优质资源共享、均衡配置办学资源、合理配置师资资源等三个方面：（1）政府是扩大优质教育资源的组织者。一方面，重点开发贫困地区的紧缺教育资源；另一方面，充分发挥经济发达地区优质教育资源的辐射带动作用，取长补短，保证资源的有效利用、优势共享，提高教育资源的利用水平。（2）政府是均衡配置办学资源的组织者。政府通过深化教育经费保障机制改革、推进教育基础设施建设，保障城乡学校义务教育阶段的标准化建设，以拉近教育资源的区域差距，提升教育均等化水平。（3）政府是保障贫困地区师资资源的组织者。政府利用各种手段改善贫困地区的师资状况，提高贫困地区师资水平。

（三）实施全程监管，实现管理功能

教育扶贫政策正确彻底执行、有效精准实施，是保证教育扶贫工程稳定推进、保证教育扶贫效果的重要手段。在教育扶贫过程中，把握工作进度、保证工作效率、确保执行力度，是保障教育扶贫的公正度、提高教育扶贫工作效果的必要途径。政府一方面加强组织监管，帮助各部门及地方政府树立教育优先的理念；一方面加强资源监管，保证教育扶贫资源用到点、用到位，防止资源使用的偏离与浪费；此外，政府还应建立严格的考核评估机制，评估教育扶贫的实际成效。

第三节 市场主体在教育扶贫中的角色

一 市场主体教育扶贫的内涵

市场主体是指具有独立的产权,享有自主进行经济活动的权利并承担相应责任,具有自身经济利益并努力使其最大化的自然人和法人为主的主体。[1]

在扶贫工作中,市场主体一般指各类企业,不仅包括各类实体企业,还包括商业机构、金融机构、经济组织等各种市场化组织。这些组织作为执行主体参与扶贫开发,通过资金投入、物资捐助、技术指导、校企农企合作、职业培训、产业扶持、人才输送以及提供就业岗位等多方面的帮扶手段,促进贫困地区的产业、教育、文化事业的发展。

市场主体教育扶贫,指的是市场主体以市场经济的方式和手段,推动贫困地区教育事业发展、提高贫困地区和贫困人口教育水平的活动。市场主体教育扶贫体现了市场机制和贫困治理机制的双重特征,具体来看,其具有以下内涵:[2]

1. 市场主体教育扶贫兼具经济效益和社会效益双重目标。市场主体教育扶贫强调经济效益与社会效益的结合。从经济效益来看,市场主体主要通过教育扶贫实现对贫困地区和贫困人群的带动作用。从社会效益来看,市场主体必须体现"扶贫"的目标,要在市场主体和贫困人群之间建立起利益链接机制,让贫困地区、贫困人群和市场主体共同分享经济发展的成果。此外,市场主体教育扶贫也体现了其承担的社会责任。

2. 市场主体教育扶贫体现了市场机制在教育扶贫中的作用。运用

---

[1] 程民选:《市场主体的内涵与市场主体确立的基本条件》,《中国经济问题》1994年第5期。
[2] 向德平、黄承伟主编:《中国反贫困发展报告(2015)——市场主体参与扶贫专题》,华中科技大学出版社2015年版,第28页。

市场机制配置资源是市场主体教育扶贫的重要特征。市场主体教育扶贫能够充分发挥市场机制的作用，激活贫困地区活力，提升贫困地区和贫困人群的自我发展能力，激发贫困地区和贫困人群的内生动力。

3. 市场主体教育扶贫必须带动贫困地区和贫困人群脱贫。市场主体教育扶贫必须有合理的运行机制，在市场主体与贫困人群之间建立合理的利益合作共享机制，带动贫困人群受益，最终实现市场主体与贫困人群的共同发展。市场主体的带动方式主要有提升贫困地区的市场经济意识、开发贫困地区的特色产业、吸纳贫困人群就业、拓展贫困地区农产品市场、输入发展资源和技术等，这些措施能够有效提升贫困地区和贫困人群的发展能力。

市场是扶贫治理中最具活力的要素，运用好市场机制，不仅能够拓展扶贫开发的资源，还能破解片面依靠行政手段减贫的低效率难题。[1] 目前，我国政府对市场主体参与教育扶贫的重视程度不断提高，出台了一系列政策，鼓励和支持市场主体积极参与扶贫事业。[2]

二　市场主体教育扶贫的动机

（一）承担社会责任

市场主体作为社会的一个重要组成部分，在利用社会资源盈利的同时，也承担相应的社会责任。企业的社会责任（Corporate social responsibility）是指企业在商业运作的同时，对其利害关系人应负的责任。企业在创造利润、对股东利益负责的同时，还要承担对社会的责任。[3] 随着社会的发展，企业对社会责任的重视程度也在逐渐提升。市场主体参与教育扶贫的一个重要动机就是其回报社会的需要。许多企业在实现了

---

[1] 吕方、梅琳：《"精准扶贫"不是什么？——农村转型视阈下的中国农村贫困治理》，《新视野》2017年第2期。

[2] 向德平、黄承伟主编：《中国反贫困发展报告（2015）——市场主体参与扶贫专题》，华中科技大学出版社2015年版，第3页。

[3] 人民网：《什么是企业社会责任》，2006年2月25日，http://theory.people.com.cn/GB/49154/49156/4142235.html，2020年3月21日。

一定的利益积累，拥有了一定的社会资源之后，开始在慈善、社会公益等社会活动中追求自我认同与自我价值的实现。随着社会治理理念的普及，市场主体教育扶贫不仅仅是企业家的公共意识和社会情怀，更是企业的社会责任和社会义务。

(二) 追求市场利益

作为营利性组织，市场主体运行的最大动力是追求利益增长。企业履行社会责任与实现利益是互为因果的。[1] 参与教育扶贫既是市场主体承担社会责任的方式，也是市场主体谋取经济利益和社会利益的途径。其一，参与教育扶贫是宣传企业文化、提高企业知名度的重要手段。市场主体在参与社会公共事务、履行社会责任的过程中，能在公众心中树立起正面的形象，有利于提高市场知名度和美誉度。其二，教育扶贫项目可以成为市场主体的收益来源，通过教育扶贫项目，不仅能扩大企业的业务范围，还能增强企业的服务能力。其三，市场主体在教育扶贫的过程中，能够利用市场机制，带动贫困地区的经济发展和教育事业进步，实现互惠双赢的局面。

(三) 享受政策支持

2014年，国务院发布了《关于进一步动员社会各方面力量参与扶贫开发的意见》，大力倡导市场主体扶贫，鼓励市场主体积极承担社会责任，发挥自身优势参与扶贫开发。同年，国务院印发《关于创新重点领域投融资机制鼓励社会投资的指导意见》，进一步鼓励社会资本加大社会事业投资的力度，鼓励社会资本参与教育、医疗、文化设施等建设，建立健全政府和社会资本合作（PPP）机制，做到"促改革、调结构、惠民生"。为贯彻该意见，国家发展改革委专门发布了《关于开展政府和社会资本合作的指导意见》，要求各级政府、职能部门充分认识到与社会资本合作的重要意义，在合作中做到建立合理的投资回报机制、构建合理风险分担机制、保证合作双方的合法权利、营造公开透明

---

[1] 田祖海、叶凯：《企业社会责任研究述评》，《中南财经政法大学学报》2017年第1期。

的政策环境。这些政策的出台，为市场主体参与教育扶贫提供了政策支持，调动了市场主体教育扶贫的积极性。

三 市场主体教育扶贫的角色担当

在贫困治理理论视域下，发挥市场的作用，运用市场化手段应对贫困问题，包括两个方面的含义。其一，通过市场机制配置扶贫资源，利用利益杠杆、市场竞争调动贫困群体的积极性，促进劳动生产率的提高，实现资源的合理利用，有效缓解和解决贫困问题。其二，让市场主体在贫困地区的市场发育、公共产品供给中扮演积极角色。市场主体作为理性的经济组织，市场机制作为一种有效的资源配置方式，能有力促进贫困地区市场发育程度，提高贫困地区产业发展水平，带动贫困人口脱贫。市场主体也常常在各种政策的激励、驱动下，主动投入资源，服务于贫困治理等社会目标。就教育扶贫而言，市场主体承担了资源供给者、技能培训者、资产建设者的角色。

（一）资源供给者

在贫困地区开展捐资助学，是市场主体参与教育扶贫最常见的方式。早在20世纪90年代，就有不少企业向希望工程捐款，在贫困地区兴建学校，为贫困学童提供支持。早期市场主体捐资助学，往往与从事教育扶贫的专门社会组织合作，而近些年来的趋势，是一些大企业成立专门的公共关系部门，处理各种社会责任事务，直接介入公益领域。

（二）技能培训者

各类市场主体积极参与教育扶贫工作，开展职业教育和技术培训，提高贫困人口的职业技能。脱贫攻坚以来，贫困地区职业技术教育得到了较快发展，市场主体运用其业务特色开办职业技术教育，开展农民技术培训，取得了较好的经济效益和社会效益，一些地方甚至形成了一些知名的职业教育和技能培训品牌，不仅扩大了就业，也提升了当地人力资源的质量，提高了贫困人口的竞争力。

(三) 资产建设者

随着市场资本大规模向农业、农村领域流动，贫困地区的社会资产建设和人力资本开发成为市场主体关心的话题。一些市场主体主动与当地政府合作，根据贫困地区的实际，策略性地开展贫困人口资产建设，开发贫困地区人力资本，推动贫困地区教育事业的发展，带动贫困地区和贫困人口脱贫，促进贫困地区经济和社会发展。

教育扶贫是市场主体参与的传统领域之一。就经典治理理论来看，市场主体参与教育公共产品的供给，有助于资源配置效率的提升。但市场主体参与扶贫的空间和范围受政策的影响很大，市场主体参与教育扶贫的空间与形式，会随着政策的变动而产生明显的差异，因此，市场参与教育扶贫的程度，是建立在政府的行政引导和政策支持的基础之上的。

第四节　社会组织在教育扶贫中的功能

一　社会组织教育扶贫的内涵

社会组织是"政府体系之外具有一定程度公共性质并承担一定社会功能的各种组织形式"的总称，具有"非政府性、非营利性、公益性或互益性、志愿性的基本属性"[1]。《中共中央关于构建社会主义和谐社会若干重大问题的决定》中，第一次将"社会组织"一词引入了中国共产党正式的话语体系[2]，该《决定》提出要规范社会组织，支持社会组织参与社会管理和公共服务，发挥其提供服务、反映诉求、规范行为的作用。改革开放以来，我国的政府逐渐转型，由包揽管制型政府向服务主导型政府转变。在国家与社会二元化的前提下，社会组织作为一股独立的新生力量逐渐兴起。如果说政府是国家权力的代理人和实施

---

[1] 王名：《社会组织论纲》，社会科学文献出版社2013年版，第86页。
[2] 赵佳佳：《当代中国社会组织扶贫研究》，博士学位论文，吉林大学，2017年。

者，社会组织则是与国家权力相对称的社会权力的代表。[1]

社会组织自诞生以来，就把扶贫作为重要的服务内容，在扶贫中发挥了重要的作用。扶贫是中国社会组织最为关注的领域之一，参与扶贫的社会组织数量最多，类型最丰富，贡献和影响也最大。[2] 社会组织教育扶贫是指在教育扶贫领域为贫困人群和弱势群体提供缓解贫困、促进发展的各种服务。我们可以从以下三个方面来理解社会组织参与教育扶贫的内涵。

第一，扶贫主体。社会组织主要包括社会团体、民办非企业单位与基金会三类。国务院《关于进一步动员社会各方面力量参与扶贫开发的意见》强调，支持社会团体、基金会、民办非企业单位等各类组织积极从事扶贫开发事业。在实践领域，各类社会组织在为贫困人群提供教育服务方面发挥着重要的作用。

第二，扶贫对象。从服务对象来看，社会组织参与扶贫主要服务于贫困人口。社会组织扶贫的对象是各种困难群体和弱势群体，包括农村贫困群体和城市贫困群体。在当下的教育扶贫中，我国社会组织主要关照的对象是生活在农村的贫困人口。

第三，服务内容。社会组织参与教育扶贫主要是提供各种教育救助、教育服务。具体来看，可以从缓解贫困和促进发展两个层次来理解社会组织参与扶贫的内容：一是缓解贫困。社会组织参与教育扶贫，其基本服务内容应该围绕贫困人群的脱贫展开，这是最基本的层次。二是促进发展。贫困是多维的，既包括较低的收入，也包括教育资源的匮乏和能力的低下。社会组织参与教育扶贫，不仅需要解决贫困人口当下的问题，更要斩断穷根，打破贫困的代际传递。

---

[1] 蔡科云：《论政府与社会组织的合作扶贫及法律治理》，《国家行政学院学报》2013年第2期。

[2] 匡远配、汪三贵：《中国民间组织参与扶贫开发：比较优势及发展方向》，《岭南学刊》2010年第3期。

二 社会组织教育扶贫的历程

社会组织自兴起以来,在提供社会服务、促进社会公平等方面发挥了重要的作用。参与贫困治理是社会组织的重要工作领域。以美国为例,社会组织参与扶贫是从社区互助开始的,主要是依靠志愿组织提供那些政府不提供的或公民个人提供不了的服务。20世纪中叶,美国的社会组织获得了政府的授权,政府支持的社会机构和服务项目迅速增加,社会组织成为贫困人群服务的主要提供者和倡导者,在社会救助、生活干预、卫生保健、教育培训、救灾应急、社会倡导等方面为贫困人群提供了全面的帮助。社会组织参与扶贫在许多发展中国家也有相当长的历史。一方面,国际社会组织为发展中国家的贫困人群提供了大量的援助服务。这些服务主要集中在健康、教育、环境保护等领域,服务内容包括社会救济、提升发展能力、政策倡导等。另一方面,发展中国家的本土社会组织在参与反贫困方面也发挥了重要的作用。比如在孟加拉国,从事发展与减贫活动的社会组织就有两千个左右。其中,孟加拉乡村促进委员会(BRAC)、孟加拉乡村银行(GB)、社会发展联合会(ASA)三大组织服务于孟加拉国上千万贫困人口。

我国社会组织参与扶贫经历了三个发展阶段[①]:一是起步阶段。20世纪70年代改革开放以来,社会组织在政府的主导下开始参与到中国的教育扶贫工作中来。社会组织参与教育扶贫最初是在政府的主导之下实施的,政府主导的社会组织大多具有较强的官方性质。二是成长阶段。20世纪90年代,我国专业型的社会组织发展迅速。一大批社会组织参与到教育扶贫工作中,形成了相对稳定的服务领域和相对成熟的运作模式。三是深化阶段。21世纪以来,扶贫工作在国家社会发展战略中的重要性不断提高,社会组织参与教育扶贫上升到国家战略层面,社

---

① 向德平、黄承伟主编:《中国反贫困发展报告(2014)——社会参与扶贫专题》,华中科技大学出版社2014年版,第50页。

会组织成为多元贫困治理主体中的重要成员。

各类社会组织强调以创新、以人为本的理念来提供服务、发起倡导和实现赋权。[①] 教育扶贫成为社会组织最关注的领域之一，社会组织是教育扶贫的重要力量，它不仅在一定程度上弥补了政府在财力上的不足，减轻了政府负担，也推动着小政府大社会格局的形成与发展，为教育扶贫营造了良好的社会氛围。[②]

三 社会组织教育扶贫的作用

助学助教是社会组织工作的传统内容，也是社会组织最为活跃的行动领域。脱贫攻坚以来，各类社会组织高度重视贫困地区的教育事业，以多种方式支持贫困地区教育事业的发展，在政府、市场与社会三者构成的教育贫困治理结构中发挥了不可或缺的作用。

综合来看，社会组织在教育扶贫中主要发挥资源筹集、服务提供、能力建设、政策宣传和倡导等作用。

（一）资源筹集

社会组织在聚合社会资源方面具有独特的优势。一方面，随着公益领域的成长，专业化的社会组织得到了快速发展。改革开放以来，我国公益领域逐步发展，各类企业捐赠、爱心人士捐赠规模越来越大，社会组织发挥着将慈善资源有效传递到受助者手中的中介作用。"希望工程"等一系列教育扶贫的公益品牌已经赢得了公众的广泛认同和赞誉。

社会组织参与教育扶贫，能够有效动员社会力量，广泛吸纳社会资源，扩展教育扶贫的资源总量。作为以社会目标为核心的非营利性机构，社会组织一方面连接着贫困社区和贫困人口的需求，另一方面积极与有公益意愿的企业和个人建立联系，发挥着公益供给与需求之间的桥

---

① 左常升主编：《国际减贫理论与前沿问题》，中国农业出版社2014年版，第145—146页。
② 李军：《中国城市反贫困论纲》，经济科学出版社2004年版，第197页。

梁作用。众多的社会组织活跃在教育扶贫领域，将募集的各类资源，以专业的手段传递给贫困人群，广泛动员社会力量参与到教育扶贫事业。

（二）服务提供

社会组织在为贫困人口提供多元化、专业化、差异化的需求方面，更具灵活性和适应性，能紧密贴近贫困人口的实际要求，其工作更有针对性。[①] 社会组织能够运用专业的方法，以个别化的方案为贫困人口提供专业服务，更好地满足贫困人口的教育需求。

（三）能力建设

从多维贫困的角度来看，社会组织参与教育扶贫的核心目标是贫困村民自身能力的提升与贫困社区的整体性发展。社会组织可以通过各种活动将贫困人口组织起来，聚合贫困人口的力量，有效激发贫困人口内生动力、提升贫困人群的发展能力。

（四）政策宣传和倡导

社会组织开展教育扶贫政策的宣传和倡导，利用自己第三方的专业优势，提升政策引导效能，促进政府与贫困村民之间的沟通。同时，社会组织可以发挥知识和治理优势，通过其专业性的服务，总结服务经验，提炼理论指导，为政府制定政策提供咨询和决策参考。

政府、市场和社会共同塑造了教育扶贫的政策供给与实践。本研究将以在DF县的实证研究为基础，阐述政府、市场和社会在教育扶贫中的作用，分析政府、市场和社会在教育扶贫中的参与方式与运行逻辑，分析不同机制在教育扶贫中的运行过程与实践效果。

---

① 向德平、黄承伟主编：《中国反贫困发展报告（2016）——社会组织参与扶贫专题》，华中科技大学出版社2016年版，第7页。

第五章　政府教育扶贫的行动机制

我国公共政策执行呈层级模式①，即中央、省级政府出台的政策，需要在行政体系中逐级细化，最终形成可执行的"操作方案"。这构成了中国国家治理领域最为核心的政策运行安排。这种安排有利于中央和地方共同发挥作用，既能增进国家政策设计对基层实际情况的回应能力，又能确保政策的执行及效果。以此视角来看待新时期中国教育扶贫政策的顶层设计及其实际运行便会发现，县一级政府部门在政策传递的链条中扮演着举足轻重的角色。一方面，按照经典治理理论，教育具有公共产品的性质，政府需要为其全体国民提供高质量的基本教育公共服务，特别是有责任通过教育资源的均等化配置，补齐欠发达地区的教育短板。另一方面，这一过程是经由科层体系逐级落实的，基层政府在执行政策时面临着十分复杂的情境，这就导致其政策"转译"活动遵循着复杂的实践逻辑。要完整理解国家教育扶贫政策在基层的执行，需要在治理结构中观察行动者的动机和行为。在这一章节中，我们以 DF 县教育扶贫中政府的角色与行为为基础，探讨地方政府对教育扶贫政策的理解与执行状况，分析政策的实施过程及效果。

---

① 贺东航、孔繁斌：《公共政策执行的中国经验》，《中国社会科学》2011 年第 5 期。

第五章 政府教育扶贫的行动机制

第一节 政府教育扶贫的角色分析

政府作为扶贫治理中的主导者,在教育扶贫中扮演着多个重要角色,包括规划制定者、政策制定者、资源提供者、政策执行者、督导管理者等等。政府利用其在社会管理和公共服务中的权威地位,运用行政手段,从宏观到微观,从整体到个体,从不同的角度推进教育扶贫。根据对 DF 县的实地调研,我们发现在实践层面,县一级政府在教育扶贫过程中至少扮演着五个角色:

一 规划制定者

政府是教育发展与教育扶贫规划的制定者。从教育扶贫角度来看,中央、省、市县各级政府都通过规划来统筹和配置资源,但各级规划的重点有所不同。在中央一级,政府负责教育扶贫的总体规划,包括确定教育扶贫的方向、明确教育扶贫的任务、构建教育扶贫的组织体系、安排教育扶贫的进度等。国务院印发的《教育脱贫攻坚"十三五"规划》,确定了政府对教育扶贫的总体要求、基本原则、主要目标、任务举措、组织实施等规划内容。而各地政府在遵循中央总体扶贫规划的基础上,更加针对当地的特殊情况,分析本地特色,制定符合地方实际情况的区域教育扶贫规划。DF 县也根据自己的实际情况,制定了本县教育扶贫的差异性规划。

访谈 5-1:DF 县扶贫办公室,主任(ZF171107M1)

最近县里在开全县脱贫攻坚推进会,规划如何构建扶贫、脱贫、防贫三大体系。打赢脱贫攻坚战,规划要先行。我们已经制定了规划,目标是什么,怎么实现,都非常明确。有了规划,就有了行动的目标和方向。

访谈 5-2：DF 县教育局，副局长（ZF171107M4）

十九大报告提出，推进城乡义务教育一体化发展，实施教育均衡发展。一体化发展是一个漫长的过程。优质教育资源的需求很大，农村教育资源远远满足不了。现在要把农村的师资和办学条件发展到像城市一样的水平，还需要一个过程，需要政府的统筹规划。

从上述访谈中可以看出，DF 县政府部门在教育扶贫中扮演着规划者的角色，主要表现为：第一，根据中央政府相关政策要求，保障中央政策在县级规划中的落地；第二，结合国家发展战略，在教育扶贫的基础上做好区域性教育发展长期规划；第三，结合地方实际，制定区域性教育扶贫短期规划。

二 政策制定者

新时期，围绕着打赢脱贫攻坚战，中央层面陆续出台了一揽子政策，这些政策集中体现在《教育脱贫攻坚"十三五"规划》中，主要内容包括巩固教育根基、提升教育脱贫能力、拓宽教育脱贫渠道、集中教育脱贫力量等方面。同时，《规划》还制定了发展学前教育、落实义务教育、乡村师资建设、职业教育发展、激发内生动力、资金资源支持等方面的政策要求。我国脱贫攻坚实施"中央统筹、省负总责、市县抓落实"的工作机制，在国家贫困治理体系中，县一级政府处在承上启下的位置，需要将国家政策结合地方实际进行细化并有效落实。

访谈 5-3：DF 县教育局资助中心，主任（ZF171012M12）

中央、GZ 省制定了一系列教育扶贫政策，我们县根据中央和省的政策制定了县里的教育扶贫政策。比如 DF 县县内高考扶助政策、对农村留守儿童困境儿童实行的关爱救助保护专项行动等。

访谈5-4：DF县扶贫办公室，股长（ZF171107M2）

……教育扶贫方面，现在有些农民有主动性不强、安于现状、等靠要的思想，主要解决这个问题，这是扶志。扶智，根本上解决代际传递，否则扶贫永远在路上，那就不行了。我们现在打攻坚战就是把堡垒消掉，根本措施就是教育，而不是出现贫困我们再去扶。教育方面，我们的工作主要是HD合作、扶贫攻坚讲习所，还有农民培训，都是针对中央的教育扶贫政策做出的反应。

在政策形成过程中，DF县密集开展调研，召开多次专题会议，在广泛收集各方面需求信息的基础上制定了一系列政策，包括《DF县教育助推脱贫攻坚三年行动计划实施方案（2017—2019年）》《DF县全民科学素质行动计划纲要实施方案（2016—2020年）》等，对DF县的脱贫攻坚包括教育扶贫做出了具体的规划和安排。同时，为鼓励多主体参与，DF县政府还制定了《DF县做好政府向社会力量购买公共文化服务工作实施方案》《DF县人民政府关于设立"HDDF教育奖励基金"的公告》等政策文件，建立起"强化引领、政府主导、培育主体、立足需求、改革创新、注重实效"的多主体合作原则，为社会力量参与教育扶贫提供了政策上的支持与保障。

三 资源提供者

政府的财政预算是教育扶贫资金最大的来源。在教育扶贫工作中，中央财政通过一般性转移支付、专项转移支付来完成对贫困地区的资金扶持。据统计，2017年中央和地方财政专项扶贫资金规模超过1400亿元。其中，中央财政安排补助地方专项扶贫资金860.95亿元，比上年增加200亿元，增长30.3%；有扶贫任务的28个省份的省级财政专项扶贫资金规模达到约540亿元。① 扶贫资金投入中教育扶贫所占比例也在不断提高。以DF县所在的贵州省为例，从2012年开始，贵州省对教育扶贫发展的投入不断提高，截至2017年，总投入累计达3314.65亿元，平均每年增加85.76亿元，平均增长率为13.94%，占总财政支出的18.85%。② 在对教育扶贫工作影响较大的教育资源、人才资源方面，政府也通过宏观调控、政策倾斜等方式，加大了对贫困地区的资源投入。教育转移支付资金通过专项形式下拨，县一级需要按照县内实际需求申请资金，专款专用。通过专项的形式下拨资金，保障了资金投入的方向，能够起到规范地方政府行为的作用。由于DF县县级财力较为有限，县政府利用市场和社会资金灵活性的优势，与HD等企业合作，共同推进教育扶贫工作，拓宽了教育扶贫资源渠道。

访谈5-5：DF县教育局，局长（ZF171107M3）

问：职业教育这一块，政府每年投入大概多少钱？

答：县投入每年500万到1000万元。今年HD援建职业学校，HD负责建好学校。设施、设备等都是政府投入的，政府投入了1.5亿元。HD大概投入2亿元左右。学生资助每年也有，这些都是政府投入的助学金，有中央，也有省里市里的。

四 政策执行者

政府不仅是政策的制定者，也是政策的执行者，特别是基层政府组织，其最为重要的职能就是执行上级政策，可谓落实靠基层，落实在基层。政策由中央层面下达到各部门及各级地方政府，层次分明的行政结构确保了政策实施的及时性与畅通性，也保证了政策执行的制度性与规

---

① 于士航：《2017年全国财政专项扶贫资金超1400亿元》，《人民日报》2017年5月29日，http://www.gov.cn/xinwen/2017-05/29/content_5197900.htm，2020年8月15日。
② 新华社：《贵州5年投入3314亿元助力教育扶贫》，2017年12月27日，http://www.edu.cn/edu/zong_he/zong_he_news/201712/t20171227_1576511.shtml，2020年8月15日。

范性。同时，政府拥有强大的资源整合、组织动员等能力，能保证政策执行有力、有效。地方政府则要在正确把握上级的政策指向、严格遵守上级政策要求的基础上，根据本地实际情况，因地制宜，将中央和省制定的政策精细化、本土化并付诸实施。

访谈 5-6：DF 县教育局，副局长（ZF171107M4）

我们主要是落实好中央的政策，县里也有一些资助的政策。比如，高考后搞高考奖扶大会……对全县考取清华北大的学生，给予奖励。对文科前十、理科前十都有奖励。这些奖励政策都很全面，涵盖了学前到高中阶段。我们主要以落实中央政策为主，幼儿园、小学这块也是根据中央的指示，我们执行、响应上面的要求。

访谈 5-7：DF 县政府组织部，干训科科长（ZF171011F10）

十万农民大培训具体是怎么开展的？主要通过这样一种模式：县委组织部根据县委、县政府中心工作，结合省市要求，做培训计划。比如说，最近省里开脱贫攻坚推进大会，明确搞产业扶贫，产业包括中药材、食用菌等。市里面又下达秋季攻势，含产业和培训等内容。还有最近的秋冬种工作。我们会结合省市县对相关工作如种植、养殖、就业方面的要求，制定全县十万农民技能培训的工作计划，报给领导。领导同意后，我们把任务分配给乡镇和县直部门来统筹。包括扶贫办雨露计划的培训，他们有需求的时候，我们也会统筹进来。县委组织部整体统筹十万农民培训，负责各板块产业部门分头统筹自己那方面内容，乡镇根据乡镇需求和群众需要开展培训。这样，我们上面统筹不盲目，下面执行有针对性，形成一整套有效的运行程序。

五 督导管理者

政策在执行过程中难免会遇到执行不力、管理疏漏、政策传达有偏差等问题,因此,政府要充当管理者、督查者的角色。政府要强化组织建设,建立问责制度,实施严格的考核与监督机制,保证教育扶贫工作的有序进行。DF县成立了专门的脱贫攻坚指挥部,负责各项工作的督察和调度,同时将脱贫攻坚任务目标纳入组织部对干部的考核中。这些做法为教育扶贫工作的有序推进提供了有力的组织保障。

访谈5-8:DF县扶贫办公室,主任(ZF171107M1)

我们扶贫办做什么呢?参谋。脱贫攻坚指挥部办公室做什么呢?督查调度。这两个职能要分开,现在这两个职能由一个人来担任的话,到高强度打仗的时候是不堪重负的,是影响执行力和落实力的。我们把它分开,有分工有协作。

访谈5-9:DF县政府组织部,科员(ZF171011M11)

组织部牵头,再分配给各县直部门,任务都是组织部直接下达的,力度最大。如果做不好,直接问责分管领导,我们不管主要领导,主要领导事情太多,我们直接问责分管领导。每个乡镇都建台账,如果这个月培训没有完成,我们直接约谈分管领导。对他进行考核,和乡镇考核同时挂钩。我们把科级干部的考核纳入进来,保证工作效果。

第二节 政府教育扶贫的运作机制

政府教育扶贫的目的是提高贫困地区基础教育的普及程度,提升贫困地区教育质量,保障贫困人口受教育的权利,增强贫困人口就业创业能力,促进贫困地区经济发展,助推贫困人口脱贫致富。如何通过教育厚植地方人力资本,为经济增长提供支撑,是教育扶贫需要解决的重大问题。以DF县为例,随着HD等企业的入驻,当地工业、现代农业产业快速启动,产业发展呈现良好势头,但人力资本开发却相对比较滞

▲ 第五章 政府教育扶贫的行动机制 ▮

后。如何将人力资本开发与脱贫攻坚有效结合，成为 DF 县教育扶贫政策设计的主要思路和方向。针对以上目标，DF 县政府在教育扶贫整体安排方面，突出基础教育建设、学生资助、师资建设、农民技术培训等方面的工作。教育基础设施建设是保障办学的基础；学生资助能减轻困难学生和家庭的经济压力，让他们顺利完成学业；加强师资建设是提高教学质量、维护教学水平的必要举措；技术培训则是帮助农民增产增收、丰富个人能力的根本手段。DF 县教育扶贫工作主要包括两大内容，一是有效落实中央、省各级政府的教育扶贫政策，促进基础教育发展；二是统筹资源，开展人力资本开发导向的职教扶贫和技能扶贫。

一 结合县情落实国家教育扶贫政策

（一）开展教育基础设施建设

教育基础设施不仅包括教学所需的授课场地，还包括各类配套设施（如理化室、实验室、音乐室、机房等）和相关教学设备。除教学所需硬件设施之外，学生生活、饮食、住宿所需的宿舍、食堂、操场等也是教育基础设施建设的内容。加强学校的基础设施建设，能改善教学环境，提高办学质量，保障学校的健康运行。DF 县受到地形等自然因素影响，学校的建设存在着许多限制，一是县内山地较多，给学校教学楼、宿舍、操场等相关设施的扩建带来了空间与场地上的限制。二是许多村落与学校之间的交通不畅，学校的空间配置不均匀，导致学生上学不便，学校招生覆盖半径有限等问题。在教学设备特别是信息化设备的配备上，由于经济原因，很多学校无法达到国家标准，难以满足现代化的教学要求。针对这些问题，DF 县政府加大对义务教育阶段学校的建设投入，同时，与企业、社会组织合作，整合各类资源，共同推进教育基础设施建设工作。

针对县内普遍存在的学校及教学条件简陋、学校容纳量和学生人数供需失衡、学校区间分配不均的问题，DF 县教育局加大了基础设施建设的投入，按一个乡镇重点建设 2—3 所学校的原则，大力优化乡镇学校的空间配置。

材料 5-1：
　　整合中央与省级预算、浦发银行教育基金、县级投入、县级融资、捐资助学等资金，在2017年内投入资金20亿元全面夯实办学条件。一是完成二中新校区、三中改扩建、实验高中三期、DF六小建设工程；二是启动DF一中迁建、DF县民族中学新建、DF二中二期工程；三是以雨冲、凤山、星宿、黄泥塘、理化、羊场、对江、牛场、猫场、长石、瓢井、八堡、兴隆等乡镇为重点，以资源整合为抓手，高标准、高起点地扩建、新建30所布局合理、功能分区、文化上档、设施一流的学校（含实验室、图书室、食堂、学生宿舍、足球场、羽毛球场、游泳馆、少年宫、会议室等）。

访谈 5-10：猫场镇箐口村，村民（QZ171108M1）
　　我们小孩在镇上中学上学，以前学校宿舍床位不够，小孩每天要走一个多小时去学校。现在新修了一栋宿舍楼，在房间里还加了床位，安排了宿管老师，保证有需要的小孩都能住在学校。现在他平时吃住都在学校，更方便他学习，跟老师和同学在一起我们也比较放心。

　　同时，DF县着力加强现代教育技术、实验仪器、图书等设施设备的配备，推进"三通两平台"建设。目前，DF县内乡镇及以上学校均实现了实验室标准化建设。

材料 5-2：
　　自2014年以来，县级配套资金4880万元用于教育资源薄弱学校的改造、加强工作。2014年，县内学校采购课桌17000套，投入资金197.2万元；2015年采购课桌13000套，投入资金150.8

万元；2016年采购课桌11000套，投入资金145万元。三年共计投入资金493万元。2015年采购图书9万册，2016年社会捐赠图书15.5万册，目前全县的图书配置达到小学生生均20册、初中生生均30册标准。2016年，政府共投入资金1228万元用于采购科学仪器、实验器材、体育器材等设施。

材料5-3：

DF县改善办学条件，夯实均衡发展之"基"。坚持扩大办学规模与兼顾学生就近入学相结合，积极稳妥推进中小学布局调整，基本形成布点均匀、规模适当、结构合理的学校发展新格局。近年来，累计投入资金4.14亿元，配置"班班通"2976套、计算机8585台、图书170万册、实验仪器237套、录播室64套；完成"薄弱"学校改造48所。

信息化手段为充分利用优质教育资源、促进教育资源配置均等化提供了契机。教育部颁发的《教育信息化"十三五"规划》中，明确提出加强对教育信息化手段的运用。DF县加大对教育信息化的建设投入，在县内实施"宽带网络校校通"工程。

材料5-4：

目前，全县中小学接入网络的学校已达232所。实现乡（镇）以上中小学校"宽带网络校校通"，全县通网络的学校达72.3%。扎实推进"班班通"建设工程。新增"班班通"多媒体教室2329间，投入资金5822.5万元。截至目前，全县共有多媒体教室2579间，覆盖全部学校。新增计算机6001台，小学生每百名拥有计算机6台、初中每百名学生拥有计算机10台，教学点配有满足教育教学需求的计算机。新增备课系统、英语学习软件系统20套，建设录播教室39个。

（二）实施教育资助

我国高度重视家庭经济困难学生就学问题，通过国家资助减轻困难家庭供应子女上学的经济负担，保障所有家庭经济困难学生都有平等的受教育机会。我国教育资助政策主要是针对符合资助条件的贫困家庭在读学生，提供学杂费的减免和生活费（如住宿费）等补助。2006年以来，对贫困地区的义务教育阶段学生全面免收学杂费。非义务教育阶段的学生也有助学金、助学贷款、学费减免等一系列相关扶持政策。这些救助资金主要由中央和地方财政按一定比例共同承担。

DF县政府根据精准扶贫"因户施策、资金到户"的要求，提高学生资助的执行力度与精度，针对不同教育阶段的贫困学生制定了差异化的资助标准与资助方案。DF县根据贵州省2017年颁布的《贵州省教育精准扶贫学生资助实施办法》，向建档立卡贫困户子女提供资助。DF县贫困学生的资助主要包括以下几个方面：

材料5-5：

1. 学前教育幼儿资助：

DF县从2012年开始实施学前教育幼儿资助项目。其资助对象为普惠性幼儿园（含山村幼儿园）的家庭经济困难幼儿，其中建档立卡家庭幼儿优先享受资助。补助标准为每生每年500元。资金来源：中央和省级奖补资金。从2012年实施这项资助开始，DF县累计资助贫困幼儿10982人，投入资金281万元，其中2017年资助幼儿2720人，投入资金68万元。

2. 义务教育阶段寄宿生生活补助：

DF县从2004年开始实施义务教育阶段寄宿生生活补助项目。补助对象为具有教育阶段正式学籍，就读寄宿制学校且在校寄宿的家庭经济困难学生，其中建档立卡家庭学生优先享受补助。补助标准自2004年以来经过多次提高，现在的标准是小学1000元/生/年，初中1250元/生/年。资金来源为中央和省级补助资金，两项各占50%。

3. 普通高中国家助学金及免学费：

普通高中国家助学金从2010年秋季学期在DF县开始实施，普通高中免学费从2016年秋季开始实施。资助对象为具有全日制普通高中正式学籍的在校就读学生中家庭经济困难学生（建档立卡家庭学生优先享受资助）；免学费对象为具有全日制普通高中正式学籍在校学生中的农村建档立卡贫困学生、残疾学生、低保家庭学生、特困救助供养学生。资助标准为助学金每生每学年2000元，免学费每生每学年760元（省级示范性三类高中每生每学年1600元）。资金来源：中央、省、市、县四级资金（其中中央资金80%，地方资金20%）。

4. 中职国家助学金及免学费：

DF县从2007年起开始实施中职国家助学金及免学费项目。资助对象：助学金对象为全日制中等职业学历教育正式学籍的一、二年级在校就读学生；免学费对象为具有全日制中等职业学历教育正式学籍的一、二、三年级在校学生。助学金及免学费的补助标准均为每生每学年2000元。资金来源：中央、省、市、县四级资金（其中中央资金80%，地方资金20%）。

教育资助解决了贫困群众子女求学的后顾之忧。

访谈5-11：核桃乡木寨村，村民（QZ170705F7）

现在我们也很重视孩子上学的事。我的两个孩子都在读书，大的在贵阳轻工业寄宿学院读大专，享受了学费的减免政策，减免之后是每年5780元，此外还申请了助学金，现在还在办理审查当中，如果批下来了每年有3600元，我们负担也小了很多。小的读中学，不用交学费，还补贴了生活费。

(三) 重视教师队伍建设

贫困地区普遍存在师资力量薄弱的问题。引进教师和提升现有教师的教学水平，是师资队伍建设的一体两面。但是，贫困地区存在教师引进难度大，短时间内难以满足需求的情况，因此，加强对现有教师队伍的培训，成为贫困地区师资队伍建设的重要途径。

教师的知识水平、道德品质直接影响学生的综合素质，其教学水平直接影响学校的教育质量。加强教师培训，不仅是提高教学水平，保障教学质量的基本途径，也是加强教师职业水平建设、提升师德素养、规范教师行为、树立教育典型的必要举措。中共中央国务院颁发了《关于全面深化新时代教师队伍建设改革的意见》等文件，教育部印发了《关于改革实施中小学幼儿园教师国家级培训计划的通知》，这些政策文件对教师培训进行了系统部署，包括完善教师考核制度，提高授课水平、职业道德水平和法律素质，对优秀教师进行奖励和表彰，深化教师队伍和校长队伍的管理与培训，全面提高贫困地区的教师水平。

针对县内教师水平良莠不齐的问题，DF县制定了《DF县中小学教师继续教育"十三五"规划》《DF县中小学教师继续教育三年培训计划》等一系列文件，紧抓教师培训工作，建立、完善乡村教师队伍建设机制。2014年至2016年，DF县通过事业单位招聘考试，招聘教师1049人，有效改善了学校紧缺学科教师缺额问题，优化了教师专业结构。同时，建立校长、教师交流考核管理机制，实现县域内义务教育阶段校长（教师）交流轮岗制度化、规范化、常态化。2014—2016年，全县中小学校长（教师）交流轮岗比率分别为10.22%、10.30%和10.04%。同时，DF县还积极落实集中连片特困地区乡村教师生活补助政策，保障教师的待遇水平，全面落实乡村教师生活补助制度。2014年以来，DF县内共组织4.1万余人次参加各级中小学教师、校（园）长培训，教师培训率达100%。此外，DF还建立了乡村工作教师荣誉制度，把教师表彰奖励指标向乡村教师倾斜。

材料 5-6：

  2017年，教育局整合国培、省培、市培、县培等培训资源，通过"请进来、走出去"的方式，外派100名校长、300名中层干部、500名学科带头人到发达地区培训，其中多数都已经学成归来并起到模范带头作用。结合DF县实际，拟定县级培训方案、培训制度，引进资深名师、专家到DF县开展各级各类培训，按要求组织完成省、市、县级各类培训上报，2017年以来按文件要求上报国培名单，共计1324人。通过在县级骨干教师中遴选优秀代表为薄弱学科教师进行专业培训，已组织县级培训150场，参训人数8622人。"十二五"期间继续教育培训统计、汇总，人均不低于72学时。2017年总计投入的培训经费达219.4766万元。具体开展的培训项目包括，2016年开展中小学新教师培训，2017年组织教师参加毕节市中级留守儿童引导员培训，DF县义务教育道德与法治、语文、历史学科教师教材培训，县内的校长后备干部赴深圳市龙岗区和福建省福州市等东部沿海地区挂职跟岗培训等项目。

  国务院在《国家贫困地区儿童发展规划》中明确提出，"支持各地制定实施贫困地区教师队伍建设规划，统筹教师聘任（聘用）制度改革、农村义务教育学校教师特设岗位计划、中小学教师国家级培训计划、教师合理流动、对口支援等政策，系统解决贫困地区合格教师缺乏问题。对已实施集中连片特殊困难地区乡、村学校和教学点教师生活补助政策的地方，中央财政予以奖补。"

  DF县积极落实国家政策，加强师资队伍建设。以同心农工职业技术学校为例，学校以建设年龄结构、支撑结构、专业结构合理的教师队伍为目标，要求队伍里"双师型""双高型"和研究生及以上学历的教师需占一定比例，采取多渠道、多举措加强教师队伍建设，如面向高校招聘优秀大学毕业生、面向社会招聘优秀教师、从中小学骨干教师中选拔优秀教师、面向企事业单位聘请专业紧缺的兼职教师等，全方位保障师资质量与数量。DF县针对建档立卡贫困人口居住分散的特点,加强了教学点建设,让孩子们上学变得更加方便。

访谈 5-12:猫场镇永久村老水小学(教学点),校长(XX171108M4)

老水小学共149个学生,从幼儿园到六年级,有5位老师。2位代课教师,是大中专毕业分配的。有一个是志愿者老师。学生都是附近的。我们学校覆盖了5个组的学生,没有寄宿的。最远的学生走差不多1个多小时,四五里路。中午在学校吃免费营养餐。我在这个学校待了11年。我们全是苗族人,以前我们上学要跑很远。这个学校是爱心人士捐赠的,2009年贵州志恒有限公司捐了18万元。我上语文。5位老师的分工比较平衡,品德和语文,数学和美术,现在一般课程都开了。

访谈 5-13:猫场镇永久村老水小学(教学点),教师(XX171108M5)

我是云南人,家在云南和贵州交界。第一次来这里时,找了两三个小时才找到学校。我和陈老师负责教一到六年级数学。整体感觉这里比我们那边落后,我们家那边已经没有复式班,一般教学点最多只有一、二年级。这边有复式班,一年级到六年级都有。我现在吃住都在学校。中餐学校有,晚餐自己解决。我是有编制的,一个月3700元,工资打卡上,有五险一金。

访谈 5-14:猫场镇永久村老水小学(教学点),校长(XX171108M4)

现在最需要的支持是,师资力量比较欠缺。因为这边条件差,我们从2006年到现在走了9位老师。边远地区的苗族村寨留不住教师。为了留住教师,我作为校长多担一点任务。苗族的人比较热情,我们靠感情留人。

二 制定实施本地教育扶贫政策

DF县拥有悠久深厚的历史底蕴和丰富多彩的民族文化,这是推动教育发展的优势条件。但由于地处山区,很多乡镇位于深山、交通不便,导致这些乡镇学校资金引不进、校舍建不起、教师留不住、教学质量上不去,加上民族混居,各个民族的生活习惯、语言文化都不尽相同,导致教育发展水平落后,教育扶贫的难度较大。针对这些问题,县政府在中央精准扶贫理念指导下,根据DF县的实际情况,从政策制定、资源配置、行政监督等方面入手,制定了《推进义务教育基本均衡发展规划》等文件,实施了一系列具有本地特色的教育扶贫政策安排及措施,明确提出优先发展教育、均衡发展教育、促进教育公平的目标及措施,确保工作有序推进。

技能培训是提高农民生产生活技能,增强致富能力的重要方式。技能培训有利于增加农民的谋生技能、促进农村的劳动力输出与转移,是帮助贫困群众脱贫致富最为快速有效的手段之一。脱贫攻坚以来,DF县对人力资本开发作出了新的部署。DF县将农民技能培训和农民教育作为教育扶贫政策的重要内容,创新性地建立新时代农民讲习所,通过采取"课堂式大集中、互动式小分散"的讲习方式,在开展好固定场所课堂式讲习的同时,还根据群众需求,在田间地头、村民院坝等场所,通过田坝会、院坝会、板凳会等多种形式开展讲习。这种符合基层实际、满足群众需求的实用性技术讲习深受群众喜爱,不仅给群众带来了好政策,还传授了致富经,为助推打赢脱贫攻坚战打下了坚实基础。

(一)推进基础教育扶贫

DF县颁布《DF县教育助推脱贫攻坚三年行动计划实施方案(2017—2019)》,明确提出积极发展学前教育、均衡发展义务教育、加快普及十五年教育、大力实施教师帮扶计划的工作思路与政策安排,层层压实责任,确保教育常规工作与教育扶贫工作两手抓、两不误、两促进。

材料5-7:

DF全县上下一心,走均衡发展之"路"。成立以政府主要领导为组长,县委、人大、政府、政协分管联系领导为副组长,各涉教部门负责人为成员的工作领导小组,同时建立联席会议制度,定期不定期研究和破解教育改革发展瓶颈问题,切实为推进义务教育均衡发展工作提供有力的组织保障。

DF县人民政府办公室

(二) 实施职业教育扶贫

DF不断加大职业教育相关的政策扶持力度,扩大职业学校的招生规模,提高职业学校的教学质量,加强职业学校教师的师德师风建设,保障学生在学习技能的同时能享受到与普通高中水平一致的文化课教育。DF县政府重视对多元主体合作办学模式的探索,着力推进职业学校的精细化管理,培养"工匠"型学生。DF县制定了《关于加快发展职业教育的实施意见》《关于国家教育体制改革"开展中等职业教育9+3免费试点、办学模式和人才培养体制改革试点"的实施意见》《DF县就业准入制度》《DF县中职招生考核办法》等一系列文件,为职业教育发展提供了政策保障。

材料5-8:

DF县多措并举发展职业教育

一是积极开展宣传动员,确保培训政策家喻户晓。充分利用信息中心、电视台、网络、微信、短信、标语以及乡村宣传栏、干部进村入户、发放《致全县贫困青壮年劳动力的一封信》《DF县就业创业政策汇编》等多渠道的宣传,鼓励贫困劳动力参加培训就业工作，做到家喻户晓。

二是精准识别培训对象，精准制定培训内容。根据不同培训群体，精准选择培训内容，有针对性地解决不同群体培训需求。

三是精心设置培训课程，全面开展培训。围绕乡村旅游发展共培训贫困劳动力驾驶员41名，乡村厨师390名。2017年以来共计投入就业补助资金165.52万元。

（三）开展农民技能培训

DF县实施"三联三定三选"模式，狠抓农民技术培训和吸纳就业扶贫。"三联"是指部门联手、资源联享、内外联动；"三定"是定长效机制、定督导机制、定考评机制；"三选"是选教师、选课堂、选内容。通过"三联三定三选"，提高农民技能，促进农民从"传统种植"向"职业生活"转变，从"分散经营"向"抱团发展"转变，从"坐等救助"向"主动脱贫"转变。

材料5-9：

自2016年来，DF县政府开始实施百万农民大培训的项目，计划于2016年至2018年，培训农村劳动力10万人次，其中吸纳就业培训3万人次、产业培训4.3万人次（养殖技术培训2万、种植技术培训2.3万）、经果林技术培训1万人次、中草药种植技术培训1.2万人次、易地移民搬迁培训0.5万人次。截至2017年上半年，该项目已经开展534期，培训6.53万人，转移农村劳动力就业13903人。该项目的培训对象是全县农村劳动力，其中对精准扶贫建档立卡贫困户及有产业发展意愿的农户采取优先培养的政策。培训内容包括中药材种植，蔬菜种植，肉牛养殖，经果林种植，扶贫安置区乡风文明、感恩教育等内容。紧密结合农户的实际生产需要，满足农民的个体化需求。

教育扶贫中多元主体的互动及效果

新时代农民讲习所主要采取县级示范培训、个别乡镇试点培训、乡镇全面集中培训、选派学员到外地培训及与其他培训相结合的方式,根据不同的授课内容为学员提供差异化的授课模式,保证授课效率与质量,如通过整合"雨露计划"开办蔬菜种植培训示范班,对全县贫困村村级组织负责人、党员创业带富能手、大学生村官、农民专业合作社负责人、专业大户、返乡创业农民、农民讲师等对象进行培训,采取集中理论授课、实践操作、模拟比赛等方式开展教学,使学员了解扶贫政策,熟练掌握蔬菜种植、病虫害防治、测土配方施肥等技术,提高培训的针对性与实效性。

材料 5-10:

瓢井镇"五个结合",抓实抓好脱贫攻坚讲习所工作

瓢井镇始终把建设好和发挥好"新时代农民脱贫攻坚讲习所"作为一项重要工作狠抓落实,创新讲习方式,把讲习内容和脱贫攻坚政策紧密结合,让群众边学习边实践,助推群众增收致富。讲习所成为讲习政策的坚实阵地,成为致富科学技术的培训平台,成为弘扬社会新风尚、新时代精神的播种机。

讲习所做到"五个结合",一是讲习活动与农村思想政治教育相结合,夯实农村阵地建设。二是流动讲习与固定讲习相结合,让讲习活动开展到每个角落。三是讲习与实践相结合,学知识、学技术、谋出路。强化讲习实践,推进产学结合。四是讲习与产业发展相结合,群众致富进入"快车道"。五是内外宣传相结合,发挥出讲习活动最大正能量。

(付安辉 DF 县瓢井镇人民政府 2017-11-10)

访谈 5-15:核桃乡木寨村,村民(QZ170705M6)

我们现在村里搞的群众会,就是讲习所。最近成贵高铁通车,

第五章 政府教育扶贫的行动机制

在 DF 有一站，离我们村很近，我们要抓住这个机遇，所以目前讲习所内容的重点是发展旅游培训，教村民如何发展个体经营和旅游住宿，包括民风民俗知识教育、接待礼仪、民宿管理、环境整治等内容，这个是面向整个村的群众的，通过这些培训希望能帮助村民提高旅游方面的收入。

访谈 5-16：猫场镇箐口村，村民（QZ171108F4、QZ171108M5）

我们村两千多口人，大部分年轻小伙都外出打工，农活就落到了我们这些 40—50 岁的人身上。这些人没什么文化，种地都是"庄稼活不用学，别人咋做我咋做"的方式，产出比较低，收入也不稳定。讲习所主要是帮我们这些人提高文化素质，教我们一些种植和经营手段。现在村里主要种植猕猴桃，结合农时和种植的特点，随时开班开讲，有时还开夜校进行培训。今天，村里也专门派人到田里开办了流动课堂，随时帮我们解决种植时遇到的问题。

第三节　政府教育扶贫的执行体系

能否有效地执行扶贫政策是县域脱贫攻坚取得实效的关键。脱贫攻坚时间紧、政策要求高，执行体系能力建设成为了问题的关键。DF 县在政策执行体系方面，重视组织建设，加强各部门之间的协作，建立强有力的督查检查体系，为各项政策的落实提供了有力保障。

一　加强组织建设

为加强政府在教育扶贫工作中的主导作用，保证政府职能的高效发挥，DF 县针对教育发展现状与教育扶贫相关工作的实施状况，对相关部门的组织建设与工作模式提出了新要求。主要包括以下方面：

（一）强化党建引领工作

DF 县在教育扶贫中落实工作责任，充分发挥基层党组织核心作用，通过党建提升工作能力，确保工作效果。同时，加强党风廉政建设，加强对教育扶贫工作的考核评估。

DF县教育局在2017年的工作要求中提出：

材料5-11：

> 要加强学习型组织建设，将习近平总书记系列重要讲话及十八届五中、六中全会精神纳入党组及干部职工学习计划，抓好《中国共产党廉洁自律准则》《中国共产党纪律处分条例》等党纪党规学习。创新学习方法，设立教育大讲堂，以专题讲座等多种方式解读教育法律法规、教育发展理念、教育办学思想、教育工作会议精神，着力提升干部职工政治素养和业务素质。同时加强学校党的建设，配齐配强基层党支部书记，扩大基层党组织覆盖面，开展基层党务工作者大培训。要深刻落实中央八项规定，落实"三重一大"决策机制，加强教育系统惩防体系的建设，惩治教育腐败现象，加大违纪案件查处力度，及时曝光违法违纪问题。[1]

DF县深入推进廉洁政府、阳光政府、效能政府建设，通过召开政府党组会、碰头会、常务会议集体研究教育扶贫的重大事项，及时向县委报告重大决策，自觉接受人大法律监督、政协民主监督和社会舆论监督，做到讲政治、守规矩。DF县教育局强调要加强机关作风建设，健全工作制度，优化机构，整合职责，实行干部职工差别化考核，加强对工作落实的督办检查，落实政务财务公开制度。

（二）重视扶贫队伍建设

DF县加强扶贫队伍建设，抽调人马充实县脱贫攻坚指挥部，坚持因村因需选派好"第一书记"、驻村干部。

---

[1] 《DF县教育局2017年工作要点》，政府内部资料，2017年。

材料 5-12：

  全县内 900 名村干部，组建了 175 个驻村工作组进驻到 175 个村内。并健全 54321 结对帮扶机制，目前，县内共有集团帮扶单位 183 个（其中省直帮扶单位 5 个，市直帮扶单位 29 个）、县直帮扶单位 149 个、干部 7511 人，这些干部已与扶贫对象 27502 户 99959 人结成帮扶对子。[①]

在壮大扶贫队伍的基础上，DF 县还组织开展了脱贫攻坚干部大培训，通过"走出去、请进来"的形式进行干部培训 4999 人（次），组织县四大班子、乡镇党委书记乡镇长和村支书村主任干部 1156 人（次）赴外地学校考察，提高干部的扶贫能力。

二　协调部门合作

（一）组织协同，落实教育扶贫政策

教育扶贫政策涉及教育、组织、扶贫、人社、科技等多个部门，如何形成有效联动机制，是政策落实的关键。DF 县在执行体系建设中，依据一本蓝图、各负其责的理念，将目标分解到部门，责任落实到人，形成了多部门协作的执行体系。

根据 DF 县教育扶贫规划，全县集中力量狠抓包括学前、小学、中学、高中、中职等不同阶段的学校及相关教育的基础设施建设。学前教育方面，积极推进第二轮学前教育行动计划，落实《幼儿园工作规程》，加强对山村幼儿园的管理，逐步将山村幼儿园改建为标准规范化的幼儿园。基础教育方面，大力巩固和推进义务教育的普及和均衡发展，调整学校布局及配置，保证小学、初中阶段的入学率，控制班级人数，保证教学质量。高中教育方面，大力提高教学质量及教学水准，增加高中学位，确保高中的毛入学率达 88% 以上，指导普通高中主动适

[①]《DF 县社会经济发展情况汇报》，政府内部资料，2017 年。

应高考改革、提升高考质量，引导高中阶段教育的特色化发展。职业教育方面，发挥职业技术教育支撑产业发展的作用，落实好技能型人才继续升学或继续学习的招生考试优惠政策，提高职业技术教育吸引力。同时加强中职教育的"控流提质"，深化校企合作，推进职业学校精细化管理。民办教育方面，优化民办教育的发展环境，引进优秀优质的民办教育资源创办大型优质民办教育学校，加强民办学校的师德师风建设，强化民办学校依法办学，探索多元主体合作办学模式。高等教育方面，大力推进 HD 支援二期工程建设，扩大职业院校的招生规模，加强教学质量的监督。特殊教育方面，完善特教学校的设施设备，确保"三残"儿童少年入学率，保障进城务工人员的随迁子女、困境儿童、留守儿童等特殊群体的教育质量。

民族教育和成人教育方面，进一步加大对民族教育和成人教育的投入，加强汉语和其他少数民族语言的双语教师培训，改善民族学校办学条件。大力推进体艺卫教育的普及，加强《国家学生体质健康标准》的实施力度，抓好中学生军事训练，推进足球进校园工作，提高学生的身体素质与健康水平；贯彻落实《学校艺术教育工作流程》，推进农村艺术教育实验县工作，落实全民科学素质行动，开展科技创新活动，以大健康为引领，抓好学校内外的环境卫生、食品卫生、疾病防控问题。县政府还通过整合中央级、省级与浦发银行的教育资金，加上县级的财政投入、社会的捐资助学基金等，投入资金 20 亿元以全面夯实县内的办学条件，提高县内教育设施的建设标准。

对贫困学生来说，完成学业最大的阻碍是学费和生活费的双重压力，必须加大对贫困人口的资助与帮扶力度。精准扶贫理念提出之后，对学生资助相关工作的要求不断提高，不仅需要加强资助的投入力度，还要提高资助对象甄别的精准度。DF 县政府制定了一系列针对贫困学生的教育奖励、资助措施，加大财政投入，扩大资助覆盖面。同时，加强对资助对象的甄别，提高资助的精准度。

访谈5-13：猫场中学留守儿童之家，教师（XX171109F11）

我们对住宿贫困生，每年有补助，主要是留守儿童和困境儿童，一年1250元。留守儿童有包保老师，每个月对他的身心、情感、学习方面都有家访记录，有哪方面的缺失，包保老师就对他进行哪方面的关爱。1个老师包保1个学生。通过包保老师的走访，儿童与父母经常沟通，在情感上得到很大帮助。我们有100多个留守儿童，有100多个包保老师。有一整套包保老师制度，全县都是一样的。

访谈5-14：DF县教育局资助中心，主任（ZF171012M12）

我们的资助体系也在不断完善，程序和管理方面都不断规范化，目前，我们的目标是做好我县贫困学生资助全覆盖，达到应助尽助的目标。目标，资助项目已经实现了从学前到研究生学段的全覆盖，包括学前、义务教育、普高、职高等。以生源地助学贷款为例。这一项目是2009年开始在我县实施的。学生贷款是要还的，并且要付利息，之所以成为学生资助项目，是因为助学贷款属于政府行为，银行只是载体；另外，学生读书期间其贷款为政府贴息。之前，学生贷款在农行、农村信用社分别开展过两年，但都因为本息难以回收等原因而停止，当时农村孩子考得上大学而读不起书的现象普遍存在。经教育部与国家开发银行多次协商，达成由县级教育部门配合开发银行办理助学贷款并负责回收贷款本息的协议，资助中心就是在这种背景下成立的。助学贷款实施对象是参加高考被录取的困难家庭学生，包括研究生、本科、专科学生。2017年，我们又把覆盖范围扩大到了高校预科生、科研院所、党校、行政学院等单位的全日制学生。通过了高中预申请的学生和建档立卡家庭学生不需要进行资格审核就可以贷款，未通过高中预申请和非建档立卡家庭学生提供学校、村委会、街道民政部门之一出具的经济困难证明即可。申请贷款的人数不设上限，应贷尽贷。

（二）部门合作，打造农民教育平台

DF 县加大农民的培训力度，让农民掌握生产技能，帮助农民增产增收。DF 县政府通过"扶智"与"扶志"并举，积极开展对农民思想意识的培训，帮助他们树立正确的价值观念，促使他们在脱贫的同时也能脱"愚"。DF 县最有代表性的项目是"十万农民技能培训"和"扶贫攻坚讲习所"。

十万农民技能培训由 DF 县委常委、组织部长任组长，由组织部副部长、扶贫办副主任、人社局局长、移民局、农牧局、林业局、中药产业局、毕节同心农工中等职业技术学校校长等同志担任副组长及成员，其成员涵盖了教育扶贫与产业扶贫相关的各政府部门单位。这一项目的主要目标是全面提升农村劳动力整体素质，培养一支有文化、懂技术、善经营、好就业的新型农民队伍，为 DF 县的农业增效、农民增收提供人力支持，助推扶贫工作向规模化、规范化、标准化、产业化、品牌化、高效化、生态化发展，同时结合 DF 县脱贫攻坚工作目标和板块经济建设情况，总体提升农村劳动力技术水平，提高农民的收入水平。该项目重点围绕中药材种植、蔬菜种植、肉牛养殖、经果林种植、扶贫安置区产业扶持、移民搬迁户素质提升、扶贫政策、乡风文明、感恩教育等内容，致力于将"DF 县十万农民技能培训"打造成品牌项目，分阶段分季节分年度分期开展培训。

访谈 5-15：DF 县政府组织部，科员（ZF171011M11）

十万农民技能培训其实一部分涵盖了 HD 的吸纳就业培训，我们统计数据时，也把 HD 培训的算进去了。他们主要是吸纳就业这块，我们（组织部）主要是农村实用技能培训这一块。县人社局下面有就业局，就业局跟 HD 吸纳就业部一起举办就业培训，其他技术培训由县委组织部来牵头，林业局、农牧局、中药产业局、农机局等加入，只要涉及 DF 大范围发展产业方面，都由组织部牵头。两大块同时进行，整合下来就是十万农民大培训。

访谈 5－16：DF 县政府组织部，干训科科长（ZF171011F10）

怎么分配呢？比如农业局统筹秋冬季蔬菜种植培训；林业局统筹经果林种植、茶叶种植等；中药材局涉及冬笋种植养护。就是说我们把任务分给县直单位来统筹。包括扶贫办雨露计划的培训，他们有需求的时候，我们也会统筹进来。最近秋冬种开始，农机操作肯定要培训。就是把责任分配给各部门，由他们统筹。但是具体任务数是下给乡镇。比如，每个乡镇要求培训 300 人，乡镇自己决定秋冬种要培训什么，乡镇拟出方案来，报给农牧局审核。比如，要培训蔬菜种植，报给农牧局审核。要培训中药材种植，就报给中药材局审核。根据乡镇自己的产业发展需求和老百姓需求，反过来自己制定培训方案，报给县直统筹单位。审核通过后，乡镇开展培训。培训结束后，乡镇提供印证资料给职能部门，我们根据乡镇培训人数，划拨相关经费补贴给他们。

脱贫攻坚讲习所是 DF 县的特色项目，习近平总书记在接见十九大贵州省代表团时，对开办脱贫攻坚讲习所的做法给予高度肯定。讲习所通过将扶贫和扶志、扶智有机结合，一方面提高农民的思想觉悟、知识水平和实践能力；另一方面发挥基层党组织的带头作用，把农民组织起来，激发贫困户"我要脱贫"的内生动力。遵循讲习阵地便民化、讲习内容菜单化、讲习队伍专业化和讲习机制常态化的原则，在内容安排上，与脱贫攻坚、技能培训、法治建设、医疗卫生、易地移民搬迁等各项工作结合起来，以"四讲四干"为主线，采取"菜单化"和"点单化"方式，尊重农民群众对所讲内容的选择权。讲习所以现代农村、农业、农民发展需求为导向，结合群众年龄、学历、经验和需求开设不同课堂进行针对性讲习培训。DF 县严格选拔讲习员，将县乡村三级讲习员纳入讲习人才库进行管理，并依托人才库建立师资调配机制，健全完善讲习员培训、激励等制度，实现资源优化配置，培养来源多样化、能力专业化的讲习队伍。此外，还制定了脱贫攻坚讲习所工作成效考核办法，将讲习工作纳入党建工作的督查范围。

访谈 5-17：DF 县扶贫办，主任（ZF171107M2）

群众教育这块的主要载体还是农民讲习所，前身是脱贫攻坚讲习所，现在每一个村落都有讲习所，每一个乡每一个村都有讲习所，一些单位很正规化的师资，农牧、林业、科技办，这些单位有一点专长的人，谈不上专家，组织师资力量，从县级层面组建一支队伍，乡和村里面都要成立。讲什么，就是一讲政策、二讲技术。向什么人讲？就是广大基层干部和群众。怎么讲？一是下去讲，有班上场所讲，有分散的田间地头，板凳会议、群众会议，以这种形式讲。它是一个机制，把原来比较零散的东西规范化，提升群众特别是贫困户的志气和本领。

材料 5-13：

黄泥塘镇"六个一"统筹发展新时代讲习所

黄泥塘镇紧密结合实际情况，以"六个一"为抓手，统筹发展新时代脱贫攻坚讲习所，为实现 2018 年全面脱贫，2020 年同步小康吹响胜利号角。"六个一"是一个先进的讲习理念、一支优秀的讲习队伍、一套实用的讲习内容、一个讲习基地、一批完整的讲习设备、一套完备的讲习制度。做到"三定"，即定学习时间，定学习内容，定学习守则，实现学习政策、科技、知识、技术常态化、制度化。

作者：李丽莎　来源：黄泥塘镇　2017-11-15

三　优化资源配置

教育资源分配的不平衡是教育贫困和教育不公平的重要原因。我国教育资源的分布特点，是有限的资源集中在部分经济发达地区，而贫困地区教育资源紧缺。为促进教育资源的均衡化，DF县政府加强宏观调控，积极改善教育资源分配不平衡的现象，加强对教育资源重点稀缺乡镇的投入和政策保障。政府调控的教育资源不仅包括资金、设施等物质资源，也包括师资等人力资源。

（一）合理分配教育资源

DF县委、县政府坚持教育经费、师资力量、设施设备等资源配置向农村教学点倾斜，按照农村教学点办学基本标准均衡配置，改善教学点的办学条件。在此基础上，合理安排教学点的师资力量，统筹安排教学点课程，利用"班班通"办好远程教育，实施"质量提升工程"，保障教学点教学质量。在县内实行城乡统一的中小学专业技术岗位结构比例标准，职称晋升和绩效工资向教学点专任教师倾斜。DF县政府还加大了职业教育的投入力度，优化财政支出结构，统筹各项收入，把毕节同心农工中等职业技术学校作为财政支出重点领域予以优先保障。同时，推进义务教育均衡分配，落实《贵州省"县域内义务教育基本均衡"和"基本普十五30条"》，加强学籍信息管理，落实"双线包保"责任制和"七长"负责制，确保小学适龄儿童入学率达99%以上，初中阶段入学率达85%以上，九年义务教育巩固率达85%以上，小学辍学率控制在0.6%以内，初中辍学率控制在1.8%以内。大班额控制在4.1%以内，超大班额控制在1.8%以内。巩固提高城区划片就近入学成果。推进义务教育集团化办学，组建义务教育集团5个，以学校标准化建设推进义务教育均衡发展，以学校布局调整推进教育资源整合。

（二）加强师资队伍保障

师资队伍的质量保障是DF县政府教育扶贫的工作重点。为确保教育质量，提高教学效率，DF县实施"内涵提质强队伍"行动，大力开展教师培训，提高教师教学水平。具体包括：第一，公开招聘100名校长，通过挂职锻炼、跟班学习、封闭培训等方式培养校长后备队伍。第二，通过交流挂职、示范引领等方式培养300名学校中层领导。第三，创新教师培训培养方法，完善教师教学能力考试考核制度，开展教师教学能力大比拼活动。第四，培养500名骨干教师或学科带头人，激发广大教师爱岗敬业、增比进位的热情。第五，完善教师补充机制，制定《DF县招聘城区高中教师实施方案》与《DF县招聘幼儿园支教志愿者实施方案》，2017年计划招考城区高中教师75人，招募学前教育志愿者200人，补充特岗教师100人、免费师范生25人，面向师范院校公开招考优秀教师75人。第六，制定校长、教师管理考核机制，优化队伍结构。完善教师职称聘任办法、绩效工资分配办法。第七，创新师德师风建设机制，规范教师从教行为。第八，创新推进"十三五"继续教育工程，持续发挥名师名校长工作室引领作用。

访谈5-18：DF县猫场镇猫场中学，校长（XX171109M10）

2016年10月，通过上面的关系，我们和石家庄的富兴中学结成对子，我们去了一个班57名学生和十多个老师。在当地的吃住行费用是他们出，交通费我们承担。我们去学了1个月。这是教师自身的发展提升。

现在我们国家已经很重视教育对口帮扶，但是要全面铺开，还要一段时间。

问：教师的待遇方面呢？

答：我在深圳那边也待过，我知道西部和一线城市的教师待遇差别很大。我2005年在深圳，我的工资是六七千元，上学期我带了10多个老师过去和深圳第三中学结对子，学了1个星期，感受到了教师待遇的差别，但现在，我们这边也在慢慢好转，感受到了差距在缩小。

为鼓励优秀教师，DF县制定了《DF县教育奖励实施方案》。《方案》规定，县委、县政府每年设立教育奖励专项资金，纳入财政预算管理，用于优秀教师教育奖励资金的发放。成立DF县教育奖励领导小组，领导小组在教育局下设办公室，负责日常工作。该方案划定的奖励对象为全县中小学、幼儿园、职业学校和特殊教育学校，全县在岗中学、幼儿园、职业教育和特教教师及全县涉及教育的单位和部门。奖项设置主要包括教育质量奖，教育质量综合奖，名师、学科带头人奖，教育系统优秀个人奖，教育管理中心主任、学校校长、幼儿园园长考核奖，教育年度目标考核奖，素质教育奖，尊师重教先进单位和先进个人奖等。

四 强化行政监督

为规范扶贫工作的管理模式，防止工作中出现管理疏漏以及监督不到位的情况，保证教育扶贫工作的顺利展开，DF县加大对教育扶贫工作的行政监督，主要集中在扶贫督导和资金管理等方面。

（一）加强扶贫督导

DF县加强督导，深入落实国家《教育督导条例》，深化领导包保联系片区的工作制度，坚持常规督导与专题督导相结合，发挥教育督导作用。同时统筹推进教育督导评估，完善督导评估资料，根据验收标准逐项推进指标落实，确保普及15年教育、义务教育的基本均衡，保证"两项督导"顺利通过评估验收。落实《督学管理暂行办法》，加强督学队伍建设，开展督导评价工作与义务教育发展基本均衡县评估认定和监测复查工作，对基本办学条件较差学校的改造计划和农村义务教育学生营养改善计划进行专项督导。[①]

DF县实行精细化全程管理，配套督巡查、考核、问责制度，强化

---

① 教育部：《教育部2017年工作要点》，http：//www.moe.gov.cn/srcsite/A02/s7049/201702/t20170214_296174.html，2017年1月25日。

组织内部的建设与管理，实行"三按月"（按月例会、按月督促、按月通报）、"3+1"（前3个季度+年终=最终考评）、"两评估"（中期评估和年度评估）等管理制度，大力加强对扶贫工作实施情况和成效的考核评估。进一步规范和加强教育扶贫相关项目的管理，对项目建设进行全方位、全过程、全覆盖的监督。建立和完善结果评价制度，对扶贫效果进行跟踪反馈，及时帮助贫困农村、贫困农户解决教育扶贫项目动作过程中的困难与问题。

（二）严格资金管理

DF县健全教育扶贫资金监管和追究机制，加大教育扶贫资金使用情况的检查审计力度，对经费的使用明细进行严格监管，提高教育扶贫项目安排和资金使用透明度，推行扶贫项目资金乡村公示制度、"民生特派"和第三方评估制度，严格落实财政专项扶贫资金的精准发放。安排落实县级投入的教育经费（包括中央农村税费改革转移支付资金、城镇教育附加、地方教育附加、城市建设维护税等），落实好上级的专款（包括生均公用经费、学生营养改善计划资金、普通高中贫困生补助、义务教育阶段贫困寄宿生生活补助等），同时做好资金监督、审核、拨付工作。积极加强与外部组织（如企业、社团、民间爱心组织等）的合作，共同协作推进教育扶贫资金的管理工作。

第四节 政府教育扶贫的经验与挑战

DF县教育扶贫过程中，依托政府在组织建设、政策确立、法规制定、资源调配等方面的地位优势和资源优势，发挥政府的主导性作用，制定了一系列结合本地实际、具体而有针对性的扶贫政策和措施，构建政府、市场主体和社会力量协同参与的教育扶贫模式，通过建设教育基础设施、均衡教育资源、完善教育体系、发展职业教育与吸纳就业等手段，大力发展教育事业，提高贫困人口知识文化和技能水平，加大本地人才资源的储备，激活县城就业市场活力，促进了稳定脱贫与区域经济发展。

第五章 政府教育扶贫的行动机制

一 政府教育扶贫的经验

（一）国家政策与地方实际相结合

脱贫攻坚实施"中央统筹、省负总责、市县抓落实"的管理体制，中央进行顶层设计，制定全国性政策；省级层面负总责，出台本省的政策和措施；县一级政府根据地方实际，将国家和省的各项大政方针细化为契合地方特点的"操作文本"。这是一套"央地协作"的管理体制和运行逻辑。DF县教育扶贫取得良好成效，其中重要的经验就是发挥政府的主导性作用，严格执行国家政策，根据地方实际制定具体实施办法。

（二）强有力的政策执行系统

有效的执行系统，是教育扶贫取得实效的关键环节。政府作为一个权威的行政管理体系，主要是通过强制化的行政手段与直接参与，通过纵向的层级传递、以各级政府和部门为单位自上而下推展的方式，对教育扶贫活动进行宏观的调控与管理。县一级执行体系的建设，涉及部门分工、进度协调、督查落实等多方面内容，在脱贫攻坚战中，政府围绕脱贫这一特定目标，实现"准战时"管理，加强指挥、统筹与协调，建立多部门分工协作体系，实施严格的督导和管理，确保政策执行系统高效运作。

（三）高效率的资源整合方式

贫困地区地方政府财力有限，要善于寻找和运用资源，最大限度地调动各类积极因素，为政策落实提供资金保障。政府主要通过财政拨款和转移支付来保证教育扶贫的资源供给。目前，教育扶贫资金来源主要是财政专项扶贫资金，专项资金通过中央财政的预算、协调，发放给各省、各级政府及有关部门。而各级地方政府也需要根据本地实际情况，制定相应的专项扶贫资金预算，保障扶贫工作的需要。为提高扶贫资源的利用效率，加强资金使用效益，财政部、国务院扶贫办等多个部门颁布了《中央财政专项扶贫资金管理办法》（财农［2017］8号），对扶贫专项资金的管理和落实提出了具体的政策要求。专项资金是贫困县公共服务发展的主要资金来源,但专项资金的性质决定了其无法完全覆盖县域教育事业发展的全部需求。因此,如何寻找尽可能多的资源支撑各项政策的运行,是影响县域教育扶贫成效好坏的另一个关键性因素。

需要关注的是,在分级运行的政策执行体系中,县一级政府往往也会将自身偏好渗透到政策设计和执行过程中。实地调研发现,地方政府在教育扶贫工作中往往是目标导向的,即在保证各项目标完成的基础上,通过县域新型城镇化布局等不同手段将政策资源策略性地运用。

二 政府教育扶贫面临的挑战

(一) 政府资源供给的矛盾

扶贫开发中,政府具有提供资源的责任,事实上,绝大部分的扶贫投入都来自政府的财政预算,扶贫开发及其延伸的各种产业开发、教育建设、生态维护等项目,都需要大量的资金及资源的投入。以教育扶贫为例,在硬件方面,维护学校教学条件、扩建教室及食宿设施、增设信息化教学设备等,需要大量的资金支持。在软件方面,提高贫困地区的教师工资待遇、加强对教师的教学水平和思想道德水平的培训、完善对贫困学生的资助和奖励机制等,也离不开稳定的资金投入与财政支持。而从实际情况来看,政府资金的投入并不能完全满足扶贫的实际需求。随着目前贫困问题的发展与变化,我国的扶贫模式已从"输血型""大水漫灌式"的粗放式扶贫转向了"造血型""精准滴灌式"的开发式扶贫,但现行的法律和政策在对贫困人口的甄别上,仍然以收入要素作为政府财政供给责任的唯一执行依据,脱贫财政投入的法律机制无法全面回应和满足当下扶贫需求的多元化特点和扶贫理念的精准化需求[1],导致政府资源供给方面出现了问题,造成扶贫资金与项目在分配过程中出现了流向与配置对接不上、配给不到位的问题。除了资金投入本身的局限以外,发生这种目标偏离的主要原因是,政府各部门与地方政府都有

---

[1] 蒋悟真:《政府主导精准脱贫责任的法律解释》,《政治与法律》2017年第7期。

着自身的取向差异与利益追求，导致总目标在实际操作过程中出现了执行偏差。在扶贫过程中，一些地方政府有自己的发展偏好，如追求直接的经济目标等，将教育扶贫等资金用在了其他领域等等；此外，各部门之间有时也会出现一些矛盾，如行政部门和财政金融部门在项目财务协调上出现对接不畅等问题。

访谈5-19：DF县教育局，副局长（ZF171107M4）

教育扶贫这一块，因为依靠县级投入，DF县级财力可支配收入有5亿到6亿元，包括正常运转。空转财政，保吃饭都很困难，吃饭都要靠上级转移支付。所以，要拿出更多的钱搞教育的基础设施，很困难。今年DF财政收入5.8亿元，主要依靠上级拨款。我们本身就是贫困县，都依靠县级投入肯定不现实。

访谈5-20：DF县HT乡政府，书记（ZF170703M8）

我们乡因为临近公路，地势相对平坦，最近发展了乡村旅游业，搞得还不错。相比山区的乡镇，经济状况要好一点，但学校这边还是有资金问题。小学这一块，我们乡有10所小学，没有复式班，但很多学校还是面临教室紧缺问题，还有就是食堂、厕所这些配套设施的问题。上级财政分拨的钱基本都在学生资助这一块，其他方面的投入远远不够。

面对扶贫资源供给的局限性问题，政府要建立更加规范的检查监管系统，严格执行资金发放的规定，扭转执行上的偏差，避免出现资金的错配、滞留、挪用等现象。同时，加强与市场主体和社会组织合作，引进社会资本投入，实现资金投入总量的增长。要减少资金在政府内部层级传递间出现的偏差渗漏问题，实现资金精准到村、精准到户、精准到人。

(二) 资源使用效率的影响

随着经济的发展，我国的贫困现象由以往的普遍性贫困逐渐转变为区域性贫困，扶贫方式由大水漫灌式转向精确瞄准式扶贫。精准扶贫方略的实施，标志着扶贫重点从贫困区域转向了贫困户、贫困个体，对贫困对象甄别的要求更加精细，对扶贫资源分配的要求也更加精准。如何贯彻精准帮扶理念，针对不同的贫困程度、致贫原因和贫困户的实际需要来配置扶贫资源，是对政府转换扶贫方式和优化扶贫效果的新要求。以往，政府几乎全程包办扶贫资金的规划、分配和使用，在传统粗放式扶贫模式下，这种方式有利于资源的集中管理，便于政府对资金的管理和监督，能将相对有限的资源分配给各地区。而在精准扶贫的要求下，资源配置应该满足差异化、个体化的扶贫要求，避免扶贫资源和资金的低效率使用甚至浪费现象。

我国中央扶贫资金主要通过贴息贷款、以工代赈资金和财政扶贫资金这三种方式提供，目前的财政低效问题反映在贴息贷款扶贫资金的回收率低，以工代赈资金立项不实、实施不规范、配套不到位，财政扶贫资金使用效率不充分等方面。[①] 具体到教育扶贫资源来看，主要问题集中在财政扶贫资金的使用效率上。财政扶贫资金分配容易出现平均化的结果，导致出现了收入有明显差距的家庭领取相同级别扶助资金的情况，甚至还出现了"扶富"的现象，造成了资源的错配与浪费。以教育设施的建设为例，某些地方政府为追求政绩和面子工程，更愿意把资金投入县城已经有一定规模的中小学扩建中，而山村小学、山村幼儿园难以获得资金，其结果是加大了区域内的教育发展差距，造成教育资源配置失衡。

访谈 5-21：DF 县 HT 乡核桃中学，教师（XX170703M13）

每年给学生分发资助的事都让我们有点头疼。我们每年给贫困

---

① 陕立勤、KangshouLu：《对我国政府主导型扶贫模式效率的思考》，《开发研究》2009年第1期。

寄宿生的补助，是按照教育局资助中心每学期下发的文件分配给学校的名额来发放。学校召集班主任开会，根据名额来分配补助指标，班主任再组织科任教师对学生评审。要求是全部给住校生或租房学生。原则上是优先建档立卡、贫困留守儿童、贫困退伍军人子女、残疾学生、贫困计生两户（二女、独生）等，但是学生的实际情况是比较复杂的，完全根据上面的条款办事，就没办法完全覆盖真正有困难的学生，比如有些学生没有住校，可实际家庭很困难，但也得不到这部分补助。

要解决这些问题，就必须加强政府的监督与管理，打破政府内部单一的层级负责模式，建立全面合理的教育扶贫财政政绩评价体系，推进教育扶贫资源的精准化使用。① DF县一方面加强对财政扶贫资金的监管，另一方面，引入社会力量对政府的扶贫行为进行外部监督，提高教育扶贫资源的利用效率，让教育扶贫资源真正用在实处、落在实处。

（三）行政主导方式的局限

目前我国扶贫开发具有明显的行政化色彩，一些地方政府缺乏系统化思维与市场化观念，只重视中短期结果，忽略长远目标与可持续发展。如果政府过度地介入资源配置，不仅会损害群众的利益和权利，有时甚至会违背经济增长的规律与趋势。② 另外，政府包办一切的工作模式，容易助长部分群众"等靠要"的心理。

访谈5-22：DF县扶贫办公室，主任（ZF171107M1）

为什么企业的执行力高呢？企业是体制外的，企业执行力高，更多体现的是管理者的权威。而我们要开会决定。很多东西我们有

---

① 杨红燕：《中央与地方政府间社会救助支出责任划分——理论基础、国际经验与改革思路》，《中国软科学》2011年第1期。
② 廖富洲：《农村反贫困中政府主导行为的优势与问题》，《中国党政干部论坛》2004年第9期。

想法，但要付诸实施下去，周期太长、流程太多，跟不上预定的进度，只好先放在一边。

DF县政府在扶贫工作中引入市场化思维方式，改变过去机械、低效的工作模式，扭转工作人员消极被动的工作习惯。市场化的理念增进了各职能部门之间的良性竞争意识，激发了各部门及工作人员的积极性。

访谈5-23：HDDF扶贫有限公司，品牌项目部员工（QY171110M4）

我们以前跟政府打交道的时候，一开始也遇到了一些政策对接问题，通常我们这边的流程已经进入收尾阶段，政府那边还在审批阶段，我们也只好等着配合他们的进度。

综上所述，政府主导的扶贫模式有着其明显的优点。这些优点不仅反映了政府主导扶贫的优越性，也体现了政府主导扶贫的必要性。但如果一味依赖政府主导，也会产生一系列问题，如扶贫效率低下、资源使用的浪费与偏离、监管不到位等。因此，在教育扶贫过程中，政府需要根据内外环境的变化，不断地调整治理模式，实现由全能型政府向引导型、服务型政府的转型。同时，在坚持政府主导的前提下，引入市场主体和社会力量，构建多元共治的教育扶贫治理模式，促进贫困地区教育事业全面、可持续发展。

第六章　市场主体教育扶贫的运作逻辑

市场主体是教育扶贫的重要主体，市场机制是打赢脱贫攻坚战的重要机制。尤其在脱贫攻坚进程中，市场主体的参与对于构建多元主体参与格局、完善教育扶贫机制、放大教育扶贫溢出效应、激发和提升贫困人口内生动力、建立稳定长效脱贫机制等方面都有着重要的意义。

第一节　市场主体教育扶贫的实践领域

一　市场主体教育扶贫的方式

市场主体参与扶贫开发历史悠久。1984年，中共中央、国务院发布《关于帮助贫困地区尽快改变面貌的通知》，"鼓励外地到贫困地区兴办开发性企业（林场、畜牧场、电站、采矿、工厂等），五年内免交所得税"①，这是我国扶贫开发首倡企业参与扶贫。此后，各级政府出台了各种政策，鼓励市场主体到贫困地区投资兴业，并在财政、税收、土地、金融等方面对这些企业给予优惠。政策的出台调动了市场主体参与扶贫的积极性。市场主体参与扶贫开发通常包括发展产业、提供就业

---

① 国务院：《关于帮助贫困地区尽快改变面貌的通知》[A/OL]，1984年9月29日，http://cpc.people.com.cn/GB/64184/64186/66679/4493941.html，2020年12月12日。

机会、建设公共设施、支持社区发展、促进能力建设等基本领域，其中产业扶贫是主要内容。

企业参与扶贫开发的方式通常包括公益慈善、项目帮扶、就业帮扶、产业扶贫、经济合作、村企共建等。[1] 市场主体参与教育扶贫的方式主要有两类：一是直接帮扶，如慈善捐赠、项目帮扶、教育帮扶、就业帮扶等；二是通过市场活动直接或间接带动贫困地区教育发展。

（一）公益慈善

公益慈善是市场主体教育扶贫的最初形式，企业是当前慈善捐赠的主要力量。市场主体通过捐赠财物的方式帮助贫困地区和贫困人口，主要有三种方式：直接将钱物发放给贫困人口；由社会组织中介将钱物发放给贫困人口；以企业名义成立基金会。公益慈善模式下，企业在选择扶贫对象时有较大自主性，属于一种单向支援关系。

（二）项目帮扶

一般由市场主体通过考察、评估之后，在贫困地区建设紧贴贫困地区特色的经济类项目，或者能直接对贫困人口提供帮助的社会事业类项目。项目帮扶具有针对性强、帮扶时间长、策划成熟等优势，是目前市场主体教育扶贫的重要形式。

（三）就业帮扶

"就业一人、脱贫一家"，帮助就业是市场主体带动贫困地区和贫困人口发展的重要方式。就业帮扶通常有两种方式：一是企业在贫困地区招聘员工到企业相关岗位就业。二是企业在贫困地区投资兴业，带动当地贫困农民就业。企业通过固定用工和临时性用工吸纳当地贫困农户就业，贫困农户可以直接进入企业工作，获得固定工资，提高收入水平。

（四）产业扶贫

产业扶贫是指企业通过在贫困地区投放资金、发展生产制造业等因

---

[1] 向德平、黄承伟主编：《中国反贫困发展报告（2015）——市场主体参与扶贫专题》，华中科技大学出版社2015年版，第30—32页。

地制宜的产业,拉动地区经济发展和贸易繁荣,改善农民收入。它对贫困人群的带动作用在于带动贫困农户生产发展,提高贫困人口的发展能力,帮助贫困人口减贫脱贫。[①] 此外,市场化的运营模式能够激发贫困人口的竞争心理,调动贫困人口的发展动力,提高贫困人口的发展能力。

二 市场主体教育扶贫的内容

十八大以来,市场主体参与教育扶贫的政策环境得到了明显改善,主要体现在教育扶贫政策逐渐完善,同时,政策也在助推市场主体参与教育扶贫。党的十八大和十八届三中全会提出"鼓励引导社会力量兴办教育",采取各种措施鼓励社会上更多的企业家积极投入教育行业。党的十八届五中全会审议通过"十三五"规划建议,进一步明确提出要"支持和规范民办教育发展,鼓励社会力量和民间资本提供多样化教育服务"。2016年的《政府工作报告》明确要求要进一步"支持和规范民办教育发展"。2016年11月,第十二届全国人民代表大会常务委员会第二十四次会议审议通过了《关于修改〈中华人民共和国民办教育促进法〉的决定》,为深化民办教育改革发展提供了法律保障。2016年12月,国务院颁布了《关于鼓励社会力量兴办教育促进民办教育健康发展的若干意见》,为民办教育发展指明了方向,对于破解发展难题、优化制度环境、全面提高质量,满足人民群众多样化的教育需求具有重大意义。这一系列政策措施的出台,为市场主体参与教育扶贫提供了政策支持。

市场主体参与教育扶贫有助于促进教育机会公平。教育机会公平既是教育扶贫的重要前提条件,又是教育扶贫的重要目标所在。为了保障贫困地区学生能够享有同等机会接受优质教育,国家先后实行了一系列

---

① 向德平、黄承伟主编:《中国反贫困发展报告(2015)——市场主体参与扶贫专题》,华中科技大学出版社2015年版,第31页。

政策举措。2015年8月，中央全面深化改革领导小组审议通过了《全面改善贫困地区义务教育薄弱学校基本办学条件工作专项督导办法》，要求全面改善贫困地区义务教育学校基本办学条件。2016年6月，国务院办公厅颁发了《关于加快中西部教育发展的指导意见》，要求大幅提高中西部人民群众接受良好教育的机会，切实增强支撑中西部经济社会发展的能力。[①] 教育扶贫是脱贫攻坚的重点所在，关涉贫困地区贫困儿童的健康发展，关乎贫困地区贫困儿童是否可以拥有同等机会接受优质教育，关乎教育公平的实现，是教育领域的"民生底线"。

DF县作为国家新一轮扶贫开发和乌蒙山连片地区扶贫开发重点县，是民营企业对口帮扶的重点地区。HD集团响应党和政府教育扶贫号召，在DF县参与教育扶贫。2015年12月以来，HD集团在全国政协的支持下，参加"万企帮万村"行动，在DF县实施"一企帮一县，一企帮百村"方案，帮助DF县175个贫困村、18万贫困人口整体脱贫。

（一）支持基础教育发展

市场主体特别是大型民营企业、金融组织等，拥有较丰厚的资金储备，在资金的使用上也相对自由灵活，因此，市场主体参与教育扶贫的最主要方式是资金及教育发展相关资源的投入。HD集团参与DF县教育扶贫工作，通过与政府间的协议与合作，为教育扶贫提供资金、资源和其他支持。其中，资金的使用方向主要包括两个方面，一是学校基础设施建设，包括新建学校、扩建学校、翻新旧校舍、添购教学设备等，为教育发展奠定基础；二是学生资助，通过直接或间接的方式帮助贫困学生解决上学问题、减轻经济压力。其中直接方式包括设立发展基金，进行对户对口的物资与经济捐助；间接方式则是企业出资、政府执行。企业负责资金的投入与总体管理，政府负责资金的分配与发放等具体工作，这种方式适用于大规模、大额度的助学资金发放。除资金外，市场

---

① 吴霓、王学男：《党的十八大以来教育扶贫政策的发展特征》，《教育研究》2017年第9期。

主体在职业技术培训领域也有优势，可以通过委派教师、提供资金、提供场地及教学设备等方式，为贫困群众提供技术培训与相关服务。

DF县政府在教育上的投入主要集中在学校基础设施建设和学校教学质量提升方面。其中，对学校建设的投入覆盖了幼儿园、小学、中学、中高职等各个阶段，特别是农村基础设施建设条件薄弱学校的资金投入。而对教学质量提升的投入则主要侧重于开展师资培训和普及信息化教育，提高教师的教学水平，优化教育资源配置，促进教育发展的效率和质量。

学校基础设施建设方面，HD集团在DF县投资3亿元援建了26个学校建设项目，包括11所小学、13所幼儿园、1所完全中学和1所职业技术学院。其中，职业技术学院总投资25600万元；民族中学总投资7340万元，办学规模为36个班，每班50人；新建小学10所，每所规模为12个班540人，总投资12200万元，其中民族小学总投资1220万元，办学规模为6个班，每班30人；新建幼儿园10所，每所规模为6个班180人，总投资5000万元。目前，HD职业技术学院、HD民族中学、HD民族小学、古镇第一幼儿园、HD第一小学到第十小学、第一幼儿园至第十幼儿园已全部投入使用。其中，HD援建的职业学院是DF地区的第一所高职学校，打破了DF县内没有大学的历史。该校是HD教育扶贫的重要工程之一，由DF县人民政府、HD职业学院与贵阳护理职业学院合作筹办，学校定位为医学类高等职业学院，学院占地120亩，建筑面积30万平方米，按在校生8000人设计建设。

师资方面，HD集团与清华大学合作，通过远程教学培训的方式，引进优秀的教育资源，先后培训340名教师及管理干部。

学生资助是HD集团教育扶贫的重要方式。HD集团在DF县捐助3000万元设立了HD教育奖励基金，以资助奖励县内边远学校的优秀教师及贫困家庭的优秀学生。《"HDDF教育奖励基金"实施办法》明确规定了教育奖励的对象是DF县内就读、建档立卡贫困家庭的优秀初高中、职校学生以及在DF县偏远农村学校任教，教学质量突出，为教育事业发展作出了贡献的优秀教师，由县教育局组织相关的宣传、申报、评选工作。HDDF教育奖励基金已奖励200名偏远山区优秀教师、300名贫困家庭优秀学生。

除HD集团的教育扶贫项目外，泛海集团在DF县的"泛海助学行动"也是市场主体教育扶贫的代表性项目。

材料6-1：

  泛海助学行动针对的对象主要是贫困家庭的大学新生。"泛海助学行动"由中国泛海控股集团在中央统战部、省委统战部的关心支持下发起，于2016年到2020年的5年内投资2.5亿元，用以资助5万名农村建档立卡贫困家庭大学新生，每人资助5000元。2017年，根据贵州省印发《2017贵州省统一战线"泛海助学行动"实施方案的通知》（黔统字［2017］22号）的精神，DF县颁布了《关于2017年度DF县统一战线"泛海助学行动"的实施方案》，方案中规定了该行动的资助对象需为具有DF县户籍、参加该年高考并被教育部批准的全日制本科高等院校录取的农村建档立卡贫困家庭大学新生，且原则上已获得本项资助的学生不再重复享受"雨露计划·圆梦行动"的资助。

"泛海助学行动"采取部门协作、共同实施的模式，企业提供资金，政府负责组织领导、统筹资金、推进工作、档案管理、总结评估等工作，保证助学资金的精准发放。

（二）大力发展职业教育

习近平总书记指出，"摆脱贫困，其意义首先在于摆脱意识和思路上的'贫困'，只有首先'摆脱'了我们头脑中的'贫困'，才能使我们所主管的区域'摆脱贫困'，才能使我们整个国家和民族'摆脱贫困'，走上繁荣富裕之路。"[①] 习近平总书记强调"扶贫先扶智"。2013

---

① 习近平：《摆脱贫困》，福建人民出版社1992年版，第160页。

年7月，国务院办公厅转发教育部等七部门《关于实施教育扶贫工程的意见》中指出，"以人为本，尊重群众，围绕人人受教育，个个有技能，家家能致富"。教育扶贫能够调动贫困人口的主观能动性，让贫困人口充分认识教育对脱贫致富的意义，帮助贫困群体获得自我发展的能力和内生能力。而职业教育正是实现这一目标的重要手段和措施，通过发展职业教育为贫困群体提供"造血能力"助力精准扶贫是教育扶贫的重要内容，也是市场主体参与教育扶贫的主要方式之一。

"职业教育精准扶贫可以精确聚焦到贫困县、贫困村、贫困户及贫困个人，实现职业教育直接性扶贫、发展性扶贫和补偿性扶贫。"[①] HD集团在驻DF县扶贫公司内设立了吸纳就业部，专门管理实施就业培训工作。吸纳就业部针对当地青壮年脱贫难的现象，通过实地考察、调研，分析出造成这种现象的原因一是大部分贫困人口文化程度低，仅掌握一些简单的种植养殖技术，产出不高，收入低下；二是大部分贫困人口以做零工为生，没有长期稳定的工作，缺乏稳定的收入来源，许多有劳动能力的青壮年常年赋闲在家，既没有收入，也造成了劳动力的剩余和人力资源的浪费。针对以上情况，HD集团侧重引导贫困劳动力学习技术，帮助他们找到稳定的工作。

HD集团的吸纳就业培训主要是面向当地就业困难的青壮年劳动力进行针对性的技能培训。他们学会技术之后，再到HD集团下属的建筑、物业、酒店、园林等企业和一些上下游合作企业的对口岗位就职。学员上岗后，由HD集团当地公司提供跟踪服务，进行为期3个月的就职心理辅导和就业辅导，确保就业人员送得出、能上岗、干得久。除企业自己办的培训课程外，HD集团还与毕节同心农工中等职业技术学校采取校企合作的方式，由同心职校为HD集团的就业培训项目提供非学历的职业培训。HD集团主办的就业培训项目已举办34期，总参与人

---

① 李鹏、朱成晨、朱德全：《职业教育精准扶贫：作用机理与实践反思》，《教育与经济》2017年第6期。

数达 19834 人，其中已吸纳就业 15842 人，就业人员年人均工资 4.2 万元。

访谈 6 - 1：HDDF 扶贫管理有限公司，吸纳就业部部长 (QY171110F2)

"吸纳就业扶贫"整个流程是政府和 HD 合作，HD 主要负责培训，政府负责组织人员。培训主要有几类，一是农业技能培训，就是农民在家就能够直接受益的，比如经济果林培训，农民在家发展产业，不用外出务工。二是务工技能培训，主要是以房地产行业为主，能提供的岗位主要是 HD 项目施工单位的一些岗位。后来增设物业方面的岗位。施工单位流动性较大，物业公司相对环境好，工作也稳定。现在增加了与 HD 合作的上下游企业，比如中禾恒瑞，是一家专门养牛的公司，就在当地务工。还有一些 HD 的合作商。另外，一些当地企业也有招工需求，县就业局和人社局收集当地企业的就业信息报给 HD，HD 可以代做招聘，推荐给公司。企业也可以现场招聘。

第一，HD 吸纳就业培训主要是对贫困户进行封闭性培训，除了培训技术，还要培养生活习惯，给他们一个生活习惯的直观体验，如果以后去正规企业上班，生活状态是有变化的。第二，我们扶贫做易地搬迁或者产业，效果明显，但是只有贫困户有一份稳定工作，才能稳定脱贫。如果只是易地搬迁，搬出来之后还要考虑生计问题。所以，奢香古镇里面是住宅区，外面是商业街。商业街专门由物业公司管理，每年有收益，分红给贫困户。商业街招商引资进来，会有岗位，一部分搬出来的人就在这里务工。你要搬得出，稳得住。规模小一点的 HD 新村，一般在 50 多户左右，每个新村都有一到两个大棚，大棚以合作社模式运营，合作社年底有收益，分红。贫困户家里有劳动力，就可以在大棚里务工，70 元一天。如果农忙季节，工资还会涨。种植和采收季节，用工量非常大，工资会达到每天 100 多元。

访谈 6-2：DF 县 HD 新村居民，群众（QZ171109M11）

我以前住在 HD 修建的搬迁安置区 HD 新村里，HD 不仅为每户贫困居民配建了蔬菜大棚，还专门为我们培训了蔬菜种植、肉牛养殖等技术。我经过培训掌握了大棚种植的滴管技术，被安排到大棚里面就业，现在每天能按时上下班，成为一名"农业工人"。现在我们搬迁群众都能拿到大棚收入的分红。我现有务工和分红两份收入，经济情况好多了，前不久还买了一台二手的汽车。

材料 6-2：

我以前在外地做零工，经常半年找不到活，收入很不稳定，一年到头钱到不了手里，老婆在家务农，儿子读大学，女儿读高二，家里所有的开销都是我来扛，用钱的时候真是愁得没办法。后来通过 HD 培训，我现在做墙体粉刷工作。现在比以前好多了，一个月能拿 4000 元，每月 15 日按时发工资，有 6 天休息，月底还能剩下钱寄给家里。在 HD 就业之后，我一家人的生活都有了保障。

材料 6-3：

HD 集团设立了 3 亿元的"HDDF 贫困家庭创业基金"，三年内分期分批，以贴息和奖补等形式鼓励贫困家庭创业，帮助 3 万人脱贫致富。目前，已扶持创业户 12889 户。

材料 6-4：

HD 紧紧围绕产业、易地搬迁、就业、教育、创业和特困群体生活保障 6 个方面开展帮扶工作，制定了《HD 集团结对帮扶 DF 县精准扶贫精准脱贫方案》《HD 集团结对帮扶 DF 县精准扶贫精准脱贫三年实施计划》，把帮扶工作分为"三步走"：第一步，2016年重点帮扶DF县东部山区60个贫困村。扶持200个扶贫互助合作社，建成肉牛、蔬菜、食用菌、中草药等200个特色农牧业生产基地；建设1处民族风情旅游小镇，10处有产业依托的新农村。第二步，2017年重点帮扶DF县北部、南部山区80个贫困村。扶持600个扶贫互助合作社，建成600处特色农牧业基地；建设39处易地扶贫搬迁安置区；吸纳1万名贫困家庭劳动力到HD及其合作企业就业。第三步，2018年重点帮扶DF县西部偏远山区35个贫困村。扶持200个扶贫互助合作社，建成200处特色农牧业基地；吸纳1万名贫困家庭劳动力到HD及其合作企业就业。

第二节 市场主体教育扶贫的特点与优势

市场是贫困治理中最具活力的因素，运用好市场机制，能够拓展扶贫开发的资源，破解片面依靠行政手段下政府资源推动减贫效率低的难题。[①] 企业是市场经济最核心的组成部分，也是最有代表性、最具有行动力的现代经济组织。市场主体参与教育扶贫，有其区别于政府、社会组织的特点，亦有不少独有的优势。

一 市场主体参与教育扶贫的特点

概括而言，市场主体参与教育扶贫具有如下几个特点：[②]

（一）企业为主要参与主体

参与扶贫开发的市场主体主要包括各类企业、农村合作经济组织、

[①] 吕方、梅琳：《"精准扶贫"不是什么？——农村转型视阈下的中国农村贫困治理》，《新视野》2017年第2期。

[②] 向德平、黄承伟主编：《中国反贫困发展报告（2015）——市场主体参与扶贫专题》，华中科技大学出版社2015年版，第36—37页。

产业大户、金融机构等。总体来看，各类企业对贫困地区和贫困农户的带动作用最为显著，是参与扶贫开发的重要主体。就教育扶贫而言，由于该领域的特殊性，教育扶贫通常需要较大金额的投资，因此，参与教育扶贫的市场主体主要为体量较大且经济实力较强的国营企业、大中型民营企业以及各类金融机构。

（二）利益共享为主要目标

利益共享是市场主体参与教育扶贫的目标。利益共享表现在所有参与教育扶贫的主体都能得到自身所追求的利益：从市场主体方面看，主要包括享受优惠政策，享受政府服务，享受特色资源，获得经济效益；从贫困农户方面看，包括享受市场主体提供的服务，提高农户的市场竞争力，提升农户的抗风险能力，获得较好的经济效益；从政府方面看，包括提升扶贫资源的利用效率，缓解政府的财政压力，提高扶贫开发政策的成效，促进贫困地区和贫困人口的发展。

（三）市场规律和教育规律并重

由于教育事业的特殊性，市场主体参与教育扶贫不仅要遵从市场规律，还要深入了解教育规律，要在尊重教育规律的基础上运用市场手段来配置资源，发挥市场主体的市场优势，优化组合各类资源，发挥教育扶贫的最大效益。

（四）经济效益和社会效益双赢

经济效益是各类市场主体参与教育扶贫的重要目标，这是由市场经济的本质属性所决定的。但同时，市场主体也追求社会效益，如企业通过慈善捐赠、项目帮扶、就业帮扶、村企共建等方式，不仅能助推贫困地区教育事业的发展，同时也给企业带来了积极的社会影响和社会效益。

二　市场主体教育扶贫的优势

实践证明，市场导向的扶贫，无论是在扶贫项目的选择、管理上，还是在贫困瞄准的精准性，以及贫困主体的参与度方面都远优于政府主导的扶贫项目。[①] 调研发现，HD集团参与DF县的教育扶贫具有以下优势：

(一) 方式专业精准

企业在发展地方特色经济、开发优势产业、培育带动地方企业、培训劳动力、吸纳就业等方面发挥优势作用。[②]

访谈6-3：HDDF扶贫管理有限公司，吸纳就业扶贫部员工(QY171110M1)

> 我们在DF干的工作主要有两部分，一是硬件设施建设，主要包括援建学校，还有帮助农民易地搬迁，除奢香古镇安置区外，同时还建有50多处幸福新村。HD作为一个以建筑、地产为主的集团，在这方面是比较有优势的。我们不仅帮居民建好新房，还在各个安置区建有配套的商业设施、蔬菜大棚基地等设施，让他们离开自己的土地后不会断了生计。另外，就是依托学校和各种配套设施，对困难群众提供相关能力培训，培训内容很多也是跟我们集团业务相关的一些业务，如建筑工人、园林工人、安保人员等。

材料6-5：

> HD集团坚持"输血"与"造血"并举，"授人以渔"。依托互助合作社实施产业扶贫，实施易地扶贫搬迁，发展教育扶贫，努力改善贫困群众生产生活条件。制定全县核心产业区规划，制作HD集团结对帮扶畜牧养殖、中草药和蔬菜种植产业分布图，计划三年建成10万头安格斯优质肉牛基地、10万亩高山冷凉蔬菜标准化基地、10万亩中药材和食用菌基地、10万亩经济果林基地。HD集团发挥自身联系广泛的优势，帮助引进一力集团制药股份有限公

---

① 赵敬丹、李娜：《中国农村反贫困过程中的政府作用研究》，《辽宁大学学报》（哲学社会科学版）2011年第1期。

② 张晓松：《企业是国家实施脱贫攻坚战略的重要力量》，《经济导刊》2017年第8期。

第六章 市场主体教育扶贫的运作逻辑

司、恒道丹林公司、中禾恒瑞（贵州）有限公司等43家上下游龙头企业参与DF县扶贫，充分利用企业资金、技术、市场等资源，大力发展订单农业，构建完善的产供销产业体系。

从访谈可以看出，HD集团的教育扶贫模式提高了教育扶贫工作的专业性和精准性，激发了贫困地区的经济活力，提升了市场自由度，带动了DF县教育事业的发展，为DF县带来了可持续的发展动力。

（二）资源优化配置

市场主体参与扶贫，从微观看，可以直接对接贫困地区和贫困人口，确保资金、项目直接瞄准受助群体，实现精准到户、精准施策；从宏观看，可以有效利用贫困地区的资源因地制宜投资兴业，根据不同地区产业发展的具体情况，合理配置资源，因地制宜发展经济。同时，企业还能发挥自身在产业、行业等方面的引领作用，促进贫困地区的产业繁荣，提高贫困地区的经济活力。

访谈6－4：HDDF扶贫管理有限公司，品牌项目部员工（QY171110M4）

　　HD之前针对DF的情况作了很详细的调研，了解了DF的基本情况，包括自然环境、人文环境等，制定了符合DF实际的扶贫策略，并按照策略进行资源投放。比如易地搬迁，我们结合当地历史文化特色建设了奢香古镇，帮助居民安居的同时，为DF开发了全新的旅游资源。在教育方面，我们注意了DF没有高中以上阶段学校的现实，援建了DF第一所高职。这些都是根据本地需要所考虑的资源配置结果。

访谈6－5：DF县扶贫办公室，主任（ZF171107M1）

　　我们说的市场经济，其实就是一种高效的资源配置形式。让市场和企业参与我们的教育扶贫，其实也就是加强市场在资源配置过程中的参与度和决定性作用。HD集团对DF的定点扶持,正是我们抓住机会、加强合作、优化资源配置的好机会。

材料6-5:

HD集团计划扶持的1000个扶贫互助合作社,明确要求贫困农户入股占比必须达到85%,种养殖大户、农技人员、村两委等非贫困户可以入股,但不能超过15%。投入1亿元设立HD产业扶贫专项贷款担保基金,为贫困户提供贷款担保,解决贫困户入股资金困难的问题。DF县投入2000万元设立DF扶贫贷款风险补偿基金,与HD产业扶贫专项贷款担保基金配套运营。目前,DF县已为230余个肉牛养殖、蔬菜种植等专业合作社发放担保贷款3.3亿元,覆盖农户6380户。

(三) 激发内生动力

职业教育周期短、成本低,培训与就业衔接配套,能够帮助贫困人群快速学习知识技术,掌握谋生技能,提高经济收入。市场主体参与扶贫,能够将市场意识、竞争意识传递给贫困地区和贫困群众,让他们认识到市场竞争力的重要性,改变"等靠要"思想,提高劳动与生产的积极性,掌握提高竞争力的方法。在这个过程中,企业通过捐助教学设施、提供师资人员、资助困难学生等方式,帮助贫困地区开展知识文化教育与职业技术培训。一些企业还与政府合作,直接开展扶贫技术培训,帮助农民学习技术、提高技能,学员学成之后,企业通过招聘会或直接提供工作岗位的方式,帮助受训群众找到合适的工作。

访谈6-6:DF县扶贫办公室,股长(ZF171107M2)

我们越来越重视教育带动群众发展能力和内生动力的问题,在教育扶贫这一块,积极推动企业合作。一年来,我们在HD集团的帮扶下，一举补齐了教育短板，建设了13所小学、11所幼儿园、2所中学，包括职院和民族中学，一共26所，解决了教育基础设施不足的问题。现在这26所学校已经全部投入运行。在职业培训方面，由县委组织部和政府职能部门牵头，和HD集团合作开展农民培训项目，目前已经有1.7万余人参加培训，其中1.4万人顺利就业。通过基础教育和职业教育的结合，帮助农民增强内生动力，提高脱贫能力。

访谈6-7：HDDF扶贫管理有限公司，吸纳就业扶贫部员工（QY171111M3）

HD集团在DF县开展农民工技术培训，每年定期开办，都是实用技术方面的培训，有扎钢筋班、泥瓦工班等等，农民培训合格，安排到HD集团房地产公司上班，每月有几千块钱的收入，农民参与的积极性很高。

访谈6-8：HDDF扶贫管理有限公司，吸纳就业扶贫部部长（QY171110F2）

我们和DF县委县政府合作开展农民技能培训，针对农民的需要开展培训，有种植经济作物的培训，有养殖方面的培训。经过培训，农民掌握一门技术，也有了脱贫的动力，自己回去搞发展。一个农民脱贫了，可以带动一个村子脱贫。

访谈6-9：DF县HT乡木寨村，村主任（QZ170705F10）

我们之前组织村民去HD的种植基地参观，那里使用的都是先进的工具和技术，看了之后很受启发，我们的群众也激起了跟HD学习种植技术的兴趣。之后，我们派了村里的几个积极分子作为代表，参加了HD的种植培训示范班，内容有理论课程，也有实践操作，主要是帮助学员掌握蔬菜的种植、病虫害防治、冬季防冻等实用技术。

总而言之，市场主体能为教育扶贫事业添砖加瓦、固本强基。在坚持政府主导的前提下，要充分发挥市场主体的力量，突出市场机制的作用，充分调动社会资源，构建以政府为主导、市场主体积极参与的多元贫困治理体系。

第三节　市场主体教育扶贫的现实困厄

市场主体在参与教育扶贫过程中有其独有的优势，但也同时存在诸多问题，面临诸多现实困厄，这些问题与困厄影响和制约了市场主体参与教育扶贫的积极性和主动性，也影响了市场主体"益贫性"的发挥。从 DF 县市场主体参与教育扶贫的实践来看，市场主体主要面临经济效益与社会效益难以统一、扶贫能力与扶贫经验不足以及形式主义与跟风主义等问题和难题。

一　经济利益与社会效益难以统一

教育扶贫具有公益性特征，要求市场主体在参与教育扶贫的过程中承担社会责任，让渡一部分经济利益。但市场主体最主要的目标是追求经济利润，这就导致市场主体面临经济利益和社会利益难以兼顾的困境，在参与教育扶贫的过程中，一些企业可能会出现背离教育扶贫目标的现象，即市场主体在参与教育扶贫的过程中得到了经济利益，但益贫效益并未凸显，贫困地区贫困人口的文化素养和职业技能并未得到提升，贫困现状难以改观。

就我国贫困状况而言，贫困现象相对集中，致贫原因相对复杂，扶贫任务十分艰巨。市场主体参与教育扶贫如果一味追求经济利益，有可能造成市场主体的行为不符合教育规律，在教育扶贫过程中只进行一些短期投资，与教育扶贫长期的发展相背离，最终影响贫困人口享受公平教育资源的机会，也浪费了国家的扶贫资源。

另外，如果扶贫政策不到位，市场主体参与教育扶贫的各项配套政策不完备，难以调动市场主体参与教育扶贫的积极性和主动性。虽然中央出台了一系列文件推进和保障市场主体教育扶贫的权益，但有些地方的配套保障政策不完备，导致市场主体参与教育扶贫的支持力度不大，市场主体参与教育扶贫的积极性不足。

总体来说，教育扶贫是一项公益性、慈善性的工程，有时会和企业的利益追求之间出现张力甚至产生冲突，主要表现在企业没有达到预期经济目标，甚至在扶贫过程中出现利益上的亏损，这会打击企业的积极性，给市场主体参与扶贫工作带来消极影响。

访谈 6-10：HDDF 扶贫管理有限公司，品牌项目部员工（QY171110M4）

> 我们集团投入的 30 亿元都是无偿的，在 DF 这里，我们是抱着不求回报的心态做扶贫工作。不过说实话，完全的公益性活动也不是每个企业都承担得起的。在这几年工作中，我们也有过合作的企业单位，但对方一般都是一次性的短期投入，毕竟长期性投入，且没有足够的经济利益支撑，对很多企业来说是不太现实的。

访谈 6-11：DF 县政府宣传部，副部长（ZF171012M13）

> 目前大多数的企业参与还是以捐钱捐物的形式比较多，扶贫的战线长、时间跨度大，要求它们跟踪式扶贫，一般的企业都耗不起。所以我们对企业参与扶贫都是采取鼓励的态度，而不可能强制要求。

二 扶贫能力和经验不足

一些企业主体参与教育扶贫的时间较短，对社会使命、公益慈善的认识不够，扶贫的专业知识与手段不足，扶贫的能力和经验有限。扶贫是一个长期的工程，需要持续的资源投入和人员投入，需要企业有足够的资源支持。另外,贫困地区企业规模小、生产标准不够规范,这些原因都导致其难以在市场竞争中抢占优势地位[1],影响了本地企业参与教育扶贫的规模及效果。

访谈6-12:HDDF扶贫管理有限公司,吸纳就业部部长(QY171110F2)

我们之前也都是HD的普通员工,没有像政府工作人员,特别是一些扶贫干那样熟悉扶贫工作。在工作初期也遇到了许多考验,最主要的问题就是如何做群众工作。我们的工作开展首先需要群众支持,从强迫他们学到他们自己想学。其次是培训资源。HD主营房地产、建筑行业,可以吸纳建筑方面的劳动力。但是选择是多样的。我们希望社会上其他培训机构可以一起参与培训。另外,政府方面,因为我们是外来人口,如果政府能帮助我们一起做群众的思想动员工作,效果会更好。

三 政策体系尚待健全

由于市场主体的盈利性特征和教育事业的公益性特征,市场主体参与教育扶贫,在很大程度上是地方政府强力推动的,具有强烈的政治动员色彩。地方政府为了完成扶贫任务,制定各种优惠政策鼓励和引导市场主体参与教育扶贫。市场主体为了得到政府的支持而参与扶贫,这就导致市场主体参与教育扶贫具有一定的功利性。与此同时,由于教育事业自身的规律和专业性特征,很多市场主体对如何参与教育扶贫带动贫困人口脱贫缺乏了解,在参与程度与参与方式上只能人云亦云,出现了跟风主义和形式主义的现象。

我国制定了一系列政策,为企业参与扶贫开发提供了方向指引和政

---

[1] 徐绍成、李立群、王彪:《民营企业扶贫的困境与对策》,《现代农业科技》2017年第20期。

策支持，但针对市场主体参与教育扶贫的制度和政策体系不够健全。目前的相关制度和政策大多只是从企业和政府合作的角度出发，没有专门从市场主体的角度来设计，导致企业参与教育扶贫的权益保障不够、激励不足、扶持力度不大，降低了企业参与教育扶贫的积极性，影响了企业在扶贫开发中的作用发挥。

访谈6-13：DF县政府组织部，科员（ZF171011M11）

我们在考虑如何将更多的中小企业拉进教育扶贫队伍中来。HD这样的大企业有着相对完善的管理机制和行动模式，也有着雄厚的资本作为后盾。但中小企业要参与教育扶贫，没有足够的政策支持是不行的。说实话，目前我们很多渠道还没有对小体量的企业开放，在没有足够政策支持的情况下，很多企业虽有心，但不敢贸然参与进来。

综合来看，市场主体参与教育扶贫工作有其明显的优势，也有一些不足。市场主体是扶贫开发中不可缺少的主体，市场化扶贫理念是贫困治理的重要内容，是打赢脱贫攻坚战、全面建成小康社会的重要手段。应该充分利用市场主体灵活、专业、高效的优势，充分发挥其在教育扶贫中的作用。

第七章　社会组织教育扶贫的作用机理

社会组织参与扶贫是我国社会扶贫体系中的重要内容，也是新时期构建政府、市场、社会协同推进大扶贫格局的重要组成部分。社会组织具有公益价值取向、专业技能和资源整合的优势，具有贴近群众、灵活创新的特点，能够弥补政府、市场主体扶贫在精准性、效率、行动模式、持续性等方面的不足，在扶贫领域发挥独特作用。

以 DF 县教育扶贫实际情况来看，县委县政府充分调动社会组织参与教育扶贫的积极性，社会组织积极回应、主动参与教育扶贫工作，充分发挥自身在教育扶贫中的作用。

第一节　社会组织教育扶贫的内容

教育扶贫是改变贫困地区贫困现状的重要途径和方式，也是改变贫困家庭面貌的重要手段。脱贫攻坚以来，在国家大规模教育投入和社会力量积极参与的背景下，我国基础教育设施得到了很大改善，基础教育获得了长足的发展。但在边远贫困地区、少数民族地区，一些农村小学仍缺少基本的教育教学设施，缺乏高水平的师资队伍。社会组织参与教育扶贫，有助于解决贫困地区教育教学设施缺乏、教学经费不足、师资力量差等问题。一些社会组织设立了基础教育发展项目，帮助贫困地区建立"爱心图书室""阳光操场""爱心电教室""爱心宿舍""爱心教学楼""校园太阳能光伏电站"等项目，改善当地的教育教学条件，促进了教育的机会均等和社会的和谐发展。

社会组织以灵活的方式、专业的能力，探索出了一系列针对性强、效果明显的贫困治理方法，在教育扶贫中发挥了重要作用。社会组织是教育扶贫的重要主体，其参与教育扶贫的主要内容为筹集教育发展资金、建设教育基础设施、链接社会教育资源、提升贫困人口能力、强化干部队伍建设。

一 发动社会力量，筹集教育发展资金

农工民主党从20世纪80年代中期就开始对口BJ地区和DF县进行帮扶，30多年来，坚持"脱贫不脱钩，脱贫不断线"的诺言，聚全党之力帮扶DF县脱贫攻坚。农工民主党坚持与DF县的实际需求相结合、近期输血与长期造血相结合、公益性帮扶投入与产业型双赢投资相结合的扶贫方针，持续助推DF县教育事业跨越式发展。农工民主党中央原主席卢嘉锡在1990年4月考察BJ地区时指出，"扶贫先扶智，致富先育人"，并专题向中共中央和国务院领导汇报，得到了党中央和国务院的高度重视。农工民主党中央着力开展教育扶贫，先后实施了培训扶贫干部及教师、设立教育基金、开展捐资助学等项目，推动DF县教育事业发展。

材料7-1：

农工民主党在DF县的教育扶贫，主要集中在三个方面，一是协调社会各方面的资金援建学校。农工民主党中央及农工民主党贵州省委等各级组织直接捐资或协调相关基金会、爱心人士等捐助资金300余万元，为DF县新修学校6所，维修学校10所。二是协调社会各方面的资金资助贫困学生，共协调联系各类善款2000万元，资助贫困学生4000余名，实施"营养午餐"计划，购买课桌、电视、电脑、打印机及大量文具、书籍。三是协调哈尔滨圣泰制药公

司总裁高翔捐资500万元，与DF县东关中学联合建成了"毕节同心农工职业中等技术学校"，目前在校生2000多人。

材料7-2：

毕节同心农工职业中等技术学校在发展过程中，得到了农工民主党的大力支持。2013年，农工民主党中央与市、县相关领导召开了多次专题讨论会，到学校开展实地调研，对学校的规划、发展提出了许多指导性的意见。农工民主党贵州省委加强与贵州省相关部门的协调，协助推进学校成为全省首批重点支持的中职学校，启动和推进学校的机械加工专业能力提升计划：（1）结合当地需要，建立技术操作实训设施与实训基地。（2）与贵州大学、深圳高等职业技术学院等省内外机械学科携手，协同开展资源共享、师资培训、教学指导等多方位的合作项目，提升学校的教学质量和办学水平。（3）协调争取社会资金，为学校捐赠机械加工实训基地设备，提升学生的技术操作水平及能力。（4）加强校企合作，提高学校服务产业发展能力，促进学生实践能力的提高。

访谈7-1：DF县猫场镇箐口村，村民（QZ171108F3）

我们箐口小学的教学楼，一部分就是杭州的都市行囊户外俱乐部捐助的，镇上自己筹钱一部分，俱乐部捐一部分。现今的箐口村，领导很重视教育，就又集资建了新的教学楼。有一个小型煤矿投了100万元，还有广东一个公司，投入了300多万元。教学楼现在动工，预计明年3月份可以投入使用。

二 实施同心工程，加强基础设施建设

贫困地区教育基础设施普遍落后。为改变教育基础设施落后的状况，DF扶贫开发协会等社会组织积极争取并整合外界资源，投入DF县教育基础设施建设之中。

材料 7-3：

农工民主党由于其成员大部分为医药卫生界的知识分子，其对 DF 县帮扶力度最大、专业最为对口的是医疗卫生和教育领域。农工民主党协调社会各方面的资金用以援建学校。1994 年至今，先后筹集社会资金修建 200 平方米的竹园海马小学教学楼、竹园民族中学、响水邵家村希望小学。毕节试验区专家顾问组捐资 20 万元，县匹配 60 万元，修建毕节地区试验学校教学楼（DF 县羊场中学），1000 余名学生的学习环境得到改善；捐资 10 万元，县教育局配套 16 万元修建 "峻岭前进小学"，解决了该乡 4 个村 300 多名适龄儿童入学难的问题；引进中国美术家协会资助 30 万元援建安乐乡希望小学；引进上海市委党校第六期青年企业经营管理者班、上海市闵行区光彩事业促进会出资 30 万元援建鸡场乡营新小学。总共引进资金 320 万余元，捐建了竹园乡民族中学、海马小学，理化乡理化中学，响水乡邵家村希望小学，六龙镇方井希望小学，星宿乡施梨小学、峻岭小学，安乐乡白岩希望小学，鸡场乡营新小学，大山乡新坝小学、柏杉小学、沙土村小学共 12 所学校。为援建学校捐赠价值 120 多万元的办公设备和学生用品等，捐赠奖学金、助学金 6 万多元，资助 1000 多名学生完成了义务教育。

此外，乐施会也一直高度关注贫困地区的教育问题，致力于提高贫困地区的教育质量。乐施会在教育扶贫方面做了很多工作，包括改善教学条件、培训教师、探索适宜的教学方法、捐资助学和政策倡议等。

材料 7-4：

乐施会在贵州支持建立 30 多所小学；为近 100 所小学的教师提供培训，提升其教学能力；资助学校配置图书及体育器材等教学设施。乐施会与当地伙伴机构一起，致力改善学校食堂及校舍设备、培训教师、发展乡土课程。教学改革令学生自信心提升，学习成绩明显提高。乐施会以学校的改革经验为蓝本，进行一系列研究及出版活动，以探索更适合偏远山区小规模学校发展的模式。

三 链接社会资源，助推教育扶贫事业

中国对贫困者实施帮助的一个重要传统举措是动员社会资源，[①] 通过动员社会力量，能够形成优势合力开展扶贫，从而提高扶贫工作的效率，增强扶贫工作的效果。社会组织不仅是社会力量参与扶贫的重要组成部分，还是撬动社会力量参与扶贫的重要杠杆。社会组织的一个重要优势是善于链接社会资源，实现资源和资源获取渠道的多样化。社会组织链接的资源既有国家专项资金的投入，又有本地资源；既有有形的资金和物资投入，也有无形的科技、信息支持。[②] 通过链接资源，不仅能够有效缓解政府的财政压力，还能提高社会对贫困地区和贫困人口的关注度，汇聚更多的资源投入扶贫。

材料 7-5：

DF 县扶贫开发协会积极链接社会资源，通过在外地设立扶贫联络处，引入大量资金、技术和岗位等社会资源参与扶贫，成效显著。协会通过微信、QQ 等网络平台吸引社会对 DF 县贫困群体的关注，募集到大量扶贫资金用于教育扶贫，改善了当地的教育条件，提高了当地的教育水平。

材料 7-6：

通过扶贫开发协会牵线搭桥，DF 五中、文惠实验中学等 68 所

[①] 孙莹：《社会工作者在我国城市反贫困中的使命和角色》，《华东理工大学学报》（社会科学版）2005 年第 1 期。

[②] 刘清荣、程文燕、康亮：《试论我国扶贫开发的历程、模式及创新》，《老区建设》2013 年第 8 期。

学校与北京、上海、广州、深圳等发达地区53所优质学校结成结对帮扶学校，带动县域内学校实现跨越式发展；启动城乡学校结对帮扶工程，12所城区学校与农村薄弱学校结成姊妹学校，推进城乡教育一体化发展；启动名誉校长工程，聘请230名知名企业家、名校长、教育专家担任DF县教育改革发展顾问或名誉校长。

材料7-7：

社会组织帮助DF县引进优质教育资源，优化教育结构。在农工民主党中央、GY扶贫开发协会、DF扶贫开发协会的帮助下，DF县先后引进清华大学、清华附中等名校对DF县进行结对帮扶，引进贵阳一中在DF县创办贵阳一中金塔英才学校；启动名校帮扶工程，全县68所学校与北京、上海、广州、深圳等发达地区53所优质学校结成结对帮扶学校；启动城乡学校结对帮扶工程，城区学校与农村薄弱学校结成姊妹学校，推进城乡教育一体化发展。

材料7-8：

在农工民主党中央、HD集团的帮助下，DF县与清华大学建立现代教育资源合作关系。HD集团提供硬件资源，清华大学投入科研力量，为DF县量身打造教育资源平台，清华大学、清华附属中学、清华小学的优秀课件、教学设计、课堂实录、试题等教育资源通过互联网实现资源共享。同时，开发教育评价及学校管理系统，对全县学生、教师、学校进行数字化管理、数字化评价、数字化监测、数字化指导，实现教育管理网络化、智能化。

DF县益缘志愿服务协会、DF"大爱萤火"等公益团队也积极参与教育扶贫。志愿者来自各行各业，有工人、教师、个体经营户、大学生等，重点关注留守儿童的教育问题。DF县益缘志愿服务协会、DF"大爱萤火"公益团队链接"壹基金"资源，为DF县贫困学生提供帮助。

壹基金是李连杰先生于2007年发起成立的公益组织，以孤儿、事实无人抚养儿童、留守儿童为帮助对象，从基本生活保障和成长支持两个方面帮助贫困地区儿童。

材料7-9：

2018年1月8日，共青团DF县委工作人员和益缘志愿服务协会、"大爱萤火"公益团队的志愿者们，到溪镇大湾小学开展"壹基金温暖包"发放活动，为大湾小学的92名同学送去由"壹基金"公益组织提供的"温暖包"，每个温暖包配备有羽绒服、棉靴、帽子、围巾、手套、袜子、美术套装、袋鼠玩偶、书包、护手霜等12件学习和御寒物品，价值人民币365元，寓意每人每天捐一元钱，就能帮助贫困山区一个孩子温暖过冬。活动现场，志愿者们为同学们穿上温暖包里面的新羽绒服，戴上手套、围巾，背上新书包，因为天气日渐寒冷，部分孩子的手已经长了冻疮，志愿者们还特别细心地给长了冻疮的同学擦护手霜。

四 加强能力建设，提升贫困人口素质

扶贫先扶智，致富先育人，扶贫归根结底是要增强贫困人口的内生动力和发展能力。

在传统的政府主导扶贫模式中，"输血式"帮扶是主要方式，经济援助、物质帮扶等是扶贫工作的主要内容。对于贫困地区及贫困群体而言，进行基础设施建设、提供兜底式帮扶意义重大，但是这种做法也存在缺陷：首先，只能在最低程度上改善贫困户的生活状况，不能有效增强贫困户抵御风险的能力；其次，容易使贫困户形成"等靠要"思想，降低其脱贫自主性；最后，致贫原因复杂，单纯"输血式"帮扶难以触及致贫的真正原因，无法从根本上解决贫困问题。社会组织积极总结扶贫经验，探索参与扶贫新模式。社会组织具有服务理念先进、贴近贫

困群体、服务内容个性化以及重视贫困群体综合素质提高等优势[1]，在扶贫过程中倡导"造血式"帮扶理念，强调调动贫困人口主动参与脱贫的积极性，重视贫困人口的能力建设。

材料7-10：

DF扶贫开发协会和HD慈善基金会合作，根据不同培训群体，精准选择培训内容，针对性地为农民开展职业技术培训。DF扶贫开发协会和毕节同心农工中等职业技术学校合作，开办农村电子商务培训班5期250人、农业产业技术养牛技术培训10个班455人，派出部分教师配合县妇联、县电商办深入雨冲、星宿、三元、核桃等31个乡（镇、街道）开展34场次宣讲培训，培训人员1700多人。截至2017年底，结合HD开展贫困劳动力培训共34期，共培训19448人，培训后共吸纳就业15842人。一人就业，一家脱贫，这种输血式的教育扶贫模式受到贫困群众的欢迎，取得了良好的扶贫效果。

一些社会组织积极推进社区发展项目。社区发展项目以村民为中心，重视培养社区的自主发展能力，提升贫困群体的内生动力和发展能力。

访谈7-2：DF县扶贫开发办公室，主任（ZF171107M1）

县委、县政府号召社会组织参与教育扶贫工作，很多社会组织给予了积极的回应，比如乐施会，先后在DF开展了农业技术培训、健康与卫生教育、社区组织发展等多类农村社区发展项目。

---

[1] 侯国凤、戴香智：《社会组织参与农村扶贫的优势与瓶颈——基于社会政策视角的分析》，《中国集体经济》2012年第1期。

教育扶贫中多元主体的互动及效果

材料 7-11：

DF 扶贫开发协会在开展扶贫工作时十分注重人力资本建设，确立了培养人才、输送人才、引进人才和配备人才的人力资本建设模式，从助学、就业、回引和挂联帮扶四个层面开展人才脱贫工作。协会与同心农工中等职业技术学校、HD 集团合作，为 DF 县贫困青年学习技术技能创造有利条件。同时，协会在贫困村积极开展技术培训和康养护理培训，免费培训农村 16—45 岁青年掌握一门技术。在人才引进方面，协会建立了县、乡回乡创业领导和指导服务机构，设立创业发展专项资金、特色产业发展奖励资金、小额贷款担保资金，以积极回引创业人士，吸引成功企业、成功人士回乡发展，助力家乡脱贫致富。

社会组织一方面重视对农民的技术培训，提升农民的能力；另一方面，加强对干部的培训，切实满足干部在精准扶贫新形势下知识增长和能力提升的需求。

材料 7-12：

农工民主党和 DF 扶贫开发协会合作开展干部培训，有计划地组织全县乡科级干部到东部十省（市）进行学习培训和挂职锻炼，接受新理念，开阔新视野，学习借鉴先进发达地区的经验，将学习到的经验转化成工作的新思路、新方法。2016 年以来，DF 县共选派 360 人次乡科级干部"走出去"到发达地区学习和挂职锻炼，进一步拓宽了干部培养渠道，提高年轻干部的综合素质和能力，使其进一步开阔视野，增长才干，成长为可以担当重任、能打硬仗的高素质干部，为全县的脱贫攻坚工作储备了人才力量。

第二节　社会组织教育扶贫的特点

社会组织参与教育扶贫，具有以下几个方面的特点：

一　发展型扶贫理念

贫困群体缺乏的不仅是物质、经济收入，更缺乏发展的能力、机会和途径。社会组织参与教育扶贫，强调扶贫与扶志扶智相结合，通过教育提升贫困人口的能力，培育贫困人口的人力资本和社会资本。社会组织注重调动贫困人口的积极性，通过教育扶贫，不仅改善了贫困人口的经济和生活状态，更改变了贫困主体"等靠要"的心态，激发了贫困人口的主体意识和内生动力。

材料7-13：

HD慈善基金会：发挥群众的主动性

DF项目部成立以前，当地困难群众"粮来张口，钱来伸手"的"等靠要"思想较为严重，长期落后的局面难以改变，贫困群众的生活水平始终在贫困线以下徘徊。在扶贫过程中，HD项目部利用培训、组织农民外出考察等方式，消除贫困农村与发达地区之间理念、思路、观点的"鸿沟"，助力贫困群众开展政策、技术、技能学习，推动贫困群众的观念转变。

材料7-14：

HD基金会在溪州村兴办了农业科技示范园，打造了一所"培养新型农民"的学校，培训农民2000余人次，培养种养科技示范户16户。在组织外出考察取经、培养示范户的同时，注重发挥农民群众的主动性。越来越多贫困群众的思想观念开始从"要我脱贫"向"我要脱贫"转变，从"被动参与"向"主动参与"转变。

农村社区自组织是农村社区以自助与发展为基本特征的自治组织。① 社会组织注重贫困人口的组织化，帮助村民建立自组织，引导村民参与集体事务，提升自我发展能力，实现内源式发展。自组织由贫困地区的民间人士和社会力量自发成立，具有一定的内部规则和自我发展、管理的能力，具有自治性、灵活性、趣缘性等特点。自组织深入贴近群众，具有较强的行动力和凝聚力，在教育扶贫工作中发挥了很大作用。

访谈 7-3：HDDF 扶贫管理有限公司，品牌项目部员工（QY171110M4）

> HD 基金会和 HD 集团联手，帮助农民成立互助合作社，带动贫困户发展生产。通过农民互助合作社+农户的方法，解决农户"不知道种什么、不知道种多少、不知道怎么种、不知道卖给谁"的问题，确保贫困户增收。

二 参与式扶贫方法

社会组织在教育扶贫中，注重运用参与式的理念和方法。"参与式发展"的核心是赋权②，即充分尊重贫困群众的主体性，将其视为发展的主体以及合作伙伴，将教育扶贫资源的决策权、使用权和控制权交给贫困群众，提升贫困人口的内生动力和发展能力，建立可持续的发展机制。

材料 7-15：

> DF 县果蔬种植专业合作社于 2015 年 10 月 7 日在工商部门登

---

① 史传林：《社会组织参与农村公共服务的模式与限度》，《社会主义研究》2009 年第 5 期。
② 周大鸣、秦红增：《人类学视野中的文化冲突及消解方式》，《民族研究》2002 年第 4 期。

记注册。合作社提供全套技术，争取项目资金，组织社员生产，并提供统一包装、贮存、销售等一条龙服务。合作社在种养、收购、加工等环节具有统一规范的运行管理机制。合作社吸纳群众加入合作社成为社员，社员承诺服从合作社章程和条约管理，签订社员入股合同。社员以自己的土地或与其他群众出租、转包、交换、合股等方式所获土地入股，每亩交入股金作为合作社运作费用，接受技术员指导，服从技术员管理。社员除投工投劳及提供农家肥外，还承担基地50%以上的投入资金。目前，合作社种植果树12000余亩，带动周边农户300余户。合作社的收益大部分用于社员的分成，另外拿出一部分作为集体收益，用于教育等公共服务。

材料7-16：

HD基金会认为，要解决DF县的贫困问题，仅仅依靠政府的力量、基金会的力量是远远不够的。在教育扶贫过程中，基金会十分重视贫困群体的参与。在选择教育扶贫项目时，基金会深入贫困村了解情况，收集村民的意见，让村民参与讨论，根据村民的意见修改完善方案；在项目执行过程中，让村民参与项目实施的全过程，监督项目的进展；在项目完成后，请村民评估项目的效果。村民既是项目的制定者，也是项目的实施者；既是项目的受益人，又是项目的监督员和评估者。

三 专业化扶贫手段

社会组织的一个重要特点是具有专业性，拥有专业的理念、专业的方法。社会组织开展教育扶贫的专业性体现在以下几方面：（1）开展需求调查。社会组织紧贴群众、扎根社会，能获得最真实、最具时效性的数据资料，能倾听民众的心声，了解他们最真实、最紧迫的需要。（2）注重宣传引导。社会组织具有极强的社会号召力和群众带动力，具有极高的群众接受度和社会影响力。(3)强调资源整合。社会组织能够有效筹集教育扶贫所需的各种社会资源,并加以整合,按需分类投放。(4)关注能力提升。社会组织注重培养群众的发展能力和内生动力,通过专业的手段和方法,帮助贫困群众树立信心,提升能力,增强脱贫的内生动力。(5)重视督导评估。社会组织重视教育扶贫工作的监督测评,确保教育扶贫工作的效率与效益。

社会组织能在评估服务对象需求和外部条件的基础上,综合运用资源链接、社会支持网建设、直接服务等手段,帮助贫困群体缓解贫困状况。如通过建立互助小组的方式帮助贫困人口提升自我发展能力,或是在贫困社区中开展针对家庭主妇的生计能力建设项目,为贫困人口提供技术培训,提供创业支持,帮助他们获得稳定的收入。又如,针对贫困老人和贫困残疾人,采用小组成员互助的方式,建立老人、残疾人服务小组,帮助老人、残疾人解决生活中的问题。

社会组织充分发挥效率高、灵活性强、专业性突出的优势,通过资金扶助、项目建设、技术指导等手段,有效实施精准扶贫精准脱贫。此外,各类社会组织还充分发挥紧贴民众、扎根社会的特点,与民众紧密互动,调动了全民广泛参与教育扶贫的积极性。

以农工民主党为代表的社会组织是DF县扶贫开发中的一股重要力量,这股力量在推动DF县的教育发展、产业发展、医疗卫生事业发展等方面作出了重大贡献。

访谈7-4:BJ同心农工中等职业技术学校,校长(XX170630M1)

在DF县教育扶贫发展中,农工民主党积极捐资助学,提高了县内学校的基础设施水平和教育质量,同心农工中等职业技术学校的建立更是拓宽了DF县的教育覆盖面和教育体系的完整性,让政府、市场在教育扶贫中职业培训、吸纳就业的项目有了更加专业的技术依托,也有了实训的资源与阵地。

四 整合型扶贫资源

社会组织参与贫困治理，能够广泛吸纳社会资源，增加贫困治理的资源总量。社会组织一方面了解贫困地区和贫困人口的需求，另一方面，积极与有公益意愿、有资源的市场主体、社会组织和个人建立联系，发挥着公益供给与需求之间的桥梁作用。众多的社会组织活跃在教育扶贫领域，将募集的各类资源输送给贫困地区和贫困人群。社会组织作为公共服务的传递者、提供者，有效弥补了政府在资源上的不足。

材料 7-17：

4月2日，由DF县工商联倡导，DF县红旗商会会员企业DF县三味书屋主办的"阅读悦心，善行助人——DF县三味书屋图书义卖助学活动"在DF县第三中学顺利举行，县工商联、DF县红旗商会、DF三中主要负责同志参加活动。

在活动现场，多家出版商无偿提供了标价近12万元的3000余册教辅、阅读类图书，以1—5折的超低价格进行义卖，吸引了广大师生热情选购。三味书屋承诺，本次义卖活动所有义卖书款全部捐赠给DF三中，用于资助校内贫困学生生活及就学所需。活动现场设透明募捐箱5个，学生购书书款直接投入募捐箱。本次活动结束后，在县工商联工作人员的监督下，DF县三味书屋现场开箱并清点义卖书款数额，共计募集到20675元义卖书款，当场移交给了DF三中。

DF县工商联围绕县委、县政府决战决胜脱贫攻坚总目标，积极向会员企业提出倡议，引导全县民营企业以"爱心捐助、吸纳就业、产业扶贫、教育扶贫"等帮扶措施，积极投身到脱贫攻坚工作中来。

第三节　社会组织教育扶贫的优势

一　组织成员专业

社会组织的成员通常具有一定的专业知识和技能，在教育扶贫中表现出很强的专业性，能够为贫困群众提供专业化服务。DF县农村专业技术协会利用自身专业优势，参与制定特色产业发展规划，开展贫困人口特色产业技术培训，提供特色产业技术指导和服务，推进了特色产业的发展。同时，组织能依靠自身的资源灵活地开展工作，使教育扶贫工作更加精准有效。

访谈7-5：DF县扶贫办公室，股长（ZF171107M2）

　　DF县医师协会主要由DF县医疗界的精英人士组成，DF县医师协会积极参与"同心助医工程"，为县里培养医疗相关技术、管理人员4000多人，为贫困群众提供了上万次服务。

材料7-18：

　　DF青年志愿者协会与DF县残疾人联合会合作，成立服装培训学校，开办"残疾人服装制作"班，邀请BJ市服装协会的企业家担任培训老师，其中包括"DF县芳达服装厂""DF松福服装有限公司""贵州七彩民族服饰有限公司""DF县名门珍雅纺织厂"的设计师，为残疾人讲授服装设计与裁剪的专业知识，传授服装制版的技能。在培训现场，服装协会的设计师告诉残疾人学员："无论是服装设计还是服装制版，最好的方法就是实战教学。服装培训学校就是为了实战而成立，用专业的老师、实战的教学模式，让大家学到实实际际的技术，帮助大家成为一流的服装设计师与制版师。"

二　扶贫理念先进

社会组织具有服务性和公益性的特点，公益化的服务理念，决定了社会组织在扶贫过程中能够最大限度地为贫困人群谋取利益，真正发挥扶贫济困的作用。社会组织在调动群众积极性、宣传扶贫理念、筹集扶贫资源等方面具有明显优势，善于拉近扶贫主体与贫困人口间的距离，能够有效激发社会力量参与教育扶贫工作的积极性。

材料 7-19：

> 县扶贫开发协会按照"组织要强、行动要快、宣传要热"的要求，邀请农业专家、乡村土秀才、农业致富能人等相关专业人士对全县群众进行讲习培训，切实做到"讲"有实招、"习"有抓手、"干"有配送，大力推广辣椒、经果林、中药材、油菜、早熟马铃薯、烤烟等高效经济作物，帮助群众转变传统种植观念，激发群众想脱贫的意志、盼脱贫的壮志，为全县农业产业调整打下坚实的精神基础，进一步提高群众种植增产的信心和脱贫致富的决心。

访谈 7-6：DF 县扶贫开发办公室，科员（ZF171012F14）

> 我们建立购买服务制度，也是认识到了社会组织在贫困理念和方法上的优势，认识到了社会组织在扶贫中的服务创新。社会组织在很多方面确实与我们现在的精准扶贫要求十分贴合，特别是在精准施策方面，他们有一套专业的社会服务理念和服务手段，我们政府很多时候还是靠各级干部的工作经验，没有像他们一样上升到理念与理论高度。

三　运作机制灵活

社会组织能够根据贫困人口的需求制定教育扶贫计划，决策机制灵活，执行过程专业，实施效果良好。社会组织对于贫困人口的需求有很强的敏感度，能够根据贫困人口的需求对工作内容和服务方式进行调整，扶贫手段更加个性化、差异化，扶贫效果更具精准性。

材料 7-20：

　　农工民主党在确定帮扶项目时，把人才教育和医疗卫生帮扶作为重点，从规划制定、设施完善、人才培训、交流对接等多个方面展开工作，围绕农村教育、医疗卫生、科技推广和行政管理等方面开展有针对性、多层面、多形式的人才培训，提高人口素质。农工民主党组织优秀教师定期开展教育教学交流，帮助树立先进教育理念，营造重教兴教的社会环境，吸引社会资源参与贫困地区教育事业发展。

四　扶贫方式多样

社会组织运用专业方法介入教育扶贫，通过物资援助、心理疏导、能力建设、资源链接等方式，运用参与式扶贫的手段，将教育扶贫资源转化为贫困群众发展的内生动力。社会组织参与教育扶贫的方式更加多样化、多元化，不仅强调教育资源的输入，也强调贫困群众的理念转变和能力提升，注重长期性的扶贫效果和后期跟进，能有效提升教育扶贫的质量和效果。

材料 7-21：

　　社会组织注重调动贫困群众参与意识，提高参与能力，在行动过程中，积极调动和保护贫困群众的参与积极性，引导他们参与各项工作，让贫困人口真正成为发展的主体。社会组织运用专业手段和方法，首先让贫困人口意识到自己的权利和责任，意识到他们自己才是农村社区发展的主人；其次是增强他们的自信心，增强他们的合作意识和合作能力；最后是让他们了解和参与市场，拥有竞争能力。社会组织同时注重对风俗文化、生活习惯和价值观念的改造，注重增进联系、凝聚力量，让村寨人人享有权利、获得发展。

材料 7-22：

在 DF 县扶贫开发协会和 HD 基金会的帮助下，雨冲乡立足乡情，因地制宜、因村施策，积极动员外出创业成功人士返乡创业。雨冲乡通过 HD 基金会和县扶贫开发协会牵线搭桥，成功引进浙江、重庆、北京等多家外地客商，在乡域内投资 1.3 亿余元种植茶叶、金荞麦、油用牡丹、精品桃、精品李等经济作物 13000 余亩，为贫困人口开展技术培训，以"合作社+基地+农户""公司+基地+农户+集体经济"等方式，将全乡 1412 户建档立卡贫困户全部链接到各类合作社，为 2018 年雨冲乡全面脱贫打下了坚实的基础。

第四节　社会组织教育扶贫的行动困境

社会组织的优势和特性决定了其在教育扶贫中的地位和作用。但由于各种内外因素影响，社会组织参与教育扶贫也面临着一系列亟待突破的困境。

一　教育扶贫自主性有待提升

我国的社会组织是政府在市场经济条件下转变职能、进行增量改革的产物。[1] 社会组织的功能是用来补充政府简政放权中转移出来的部分职能，社会组织所开展的工作大多是政府原来承担工作的辅助、补充和完善，因此，社会组织的生存和发展离不开政府的资源投入和政策支持。这在一定程度上影响了社会组织的独立性。从属性上看，教育扶贫具有公共产品的性质，这决定了政府在教育扶贫方面的主导性地位和社

---

[1]　毕素华：《官办型公益组织的价值突围》，《学术研究》2015 年第 4 期。

会组织在教育扶贫方面的辅助性角色。由于资源限制，大部分社会组织很难单纯依靠自身的力量独立完成较复杂的教育扶贫工作。

二 教育扶贫能力亟待提升

社会组织具有草根性的特点。草根性是因为很多社会组织都始于民间自发组织，他们贴近民众生活、接地气、能与群众打成一片，这也导致社会组织的经济基础薄弱，自身拥有的资源有限，教育扶贫的经验和能力不足，难以满足贫困人群多元化的教育需求。社会组织要在资源整合、机构管理、危机应对、服务创新等方面提升能力，提高专业化水平，提升服务效能。

三 教育扶贫可持续性尚需加强

教育扶贫是一项长期性工程。我国教育扶贫领域的社会组织普遍存在发育不成熟、资源不充分、能力不足等问题，致使其参与教育扶贫的可持续性不足。一方面，社会组织的成员流动性大，影响了教育扶贫工作的衔接和项目的长期运作；另一方面，社会组织资金来源不稳定，需要依靠政府的财政支持或社会资金的支援。这种依赖外界资源的运行方式，导致社会组织的资源供给具有不确定性，这不仅会影响组织自身的运转，也影响教育扶贫工作的可持续发展。

第八章 教育扶贫的实践效果

教育扶贫是帮助贫困人口阻断贫困代际传递、稳定脱贫的根本手段，是打赢脱贫攻坚战的核心举措，它不仅能提高贫困地区教育发展水平，还能平衡地区间的教育发展差异，是促进人才的培养与发展、帮助群众脱贫致富的重要方式，也是推动脱贫攻坚进程、促进社会均衡发展的重要举措。[1] 在教育扶贫中，政府、市场主体和社会组织多元参与和协同共治，能够提高教育扶贫的效率与效益，提升教育扶贫的效果，促进教育均等化发展的进程。

第一节 多元参与：治理主体的互动

一 多主体参与

（一）从包揽到主导：政府参与教育扶贫的地位重塑

多主体治理模式的推广，意味着政府在教育扶贫中的行动理念由"全面控制""彻底包揽"转向"寻求合作""协同共治"，政府由"管制者"变成"引导者""统筹者"。过去，政府参与教育扶贫主要是通过行政组织结构和权力自上而下推进，现在，政府逐渐放松行政上的管制，将部分职能与权力移交给市场与社会，实现了教育扶贫的多元主体供给。政府本身则主要运用各种行政手段，通过组织、协

---

[1] 杨海平：《基于精准视阈的教育扶贫策略探究》，《经济研究导刊》2016年第29期。

调、统筹、管理等方式，以主导者的身份，引领和保障教育扶贫工作的实施。

（二）从被动到主动：市场主体参与扶贫的地位转变

以企业为代表的市场主体以追求经济利益为目的，经济利益是市场主体从事各种活动的主要推动力，从这个意义上看，教育扶贫并不是市场主体的固有职能。但随着治理理念的转变与多元主体治理模式的兴起，政府加大了对市场主体参与教育扶贫的政策支持，拓宽了市场主体参与教育扶贫的渠道。同时，多元模式下风险共担、利益共享的成果分配理念，也保障了市场参与教育扶贫的效益，调动了市场参与教育扶贫的主动性和积极性，市场主体开始积极主动地参与教育扶贫。

（三）从疏离到跟进：社会组织参与扶贫的角色再造

早期，社会组织在教育扶贫工作中的参与有限，只是起到辅助作用。随着社会治理体系的改革，社会组织的角色变得日益重要。社会组织参与教育扶贫，不仅强调教育资源的供给与利用，更强调贫困人群的观念转变，重视调动贫困群体的内生动力和发展能力，推动扶贫的可持续发展。教育扶贫是社会组织参与贫困治理的主要路径之一。社会组织作为教育扶贫的重要主体，一方面能直接面对贫困对象提供教育服务；另一方面，还以政府购买服务的形式，代表政府开展相关教育扶贫工作。社会组织在教育扶贫中扮演重要的角色，发挥重要的作用。

二 多层次互动

教育贫困治理的目标与贫困地区的发展现实之间存在一定张力，因此，构建政府、市场与社会多层次互动结构，需要不断完善贫困治理理念，组织和吸纳更多社会主体参与教育扶贫，形成多元主体合作扶贫的格局。

（一）从单一主体到多元参与

教育扶贫中实行多元协同治理，不仅意味着各主体自身功能、定位的转变，也意味着多主体之间关系的变化。教育扶贫主体的互动方式，由政府单一主体到多元参与，由权威控制的隶属、服从模式转向政府、市场主体、社会组织之间平等协商、风险共担、利益共享的新型合作关系。对政府来说，这种新型的治理模式能够帮助政府减轻压力，拓展教育扶贫的广度和深度，提高政府教育扶贫的效率，提升政府的公信力。对市场和社会等主体来说，通过教育扶贫，各主体获得了参与教育扶贫的机会，解决了政府单一主体可能带来的供给单一、供需失衡的问题，也扩大了教育扶贫的社会效应。

（二）从控制关系到合作伙伴

以往，政府的权威控制压缩了市场主体和社会组织参与教育扶贫的空间，政府以"全能"的角色介入教育扶贫，包办了教育扶贫全部内容，并对其他主体实施领导和管控，政府与其他主体之间是控制与被控制的关系。而多元共治打破了政府以行政权力、资源垄断来控制其他社会主体行动的不平等关系格局，政府通过出台政策、开展合作、行政委托、公开招标、购买服务等方式，将市场主体和社会组织拉入教育扶贫的行列，构建了社会化、一体化的教育扶贫体系，同时也明确了政府、市场、社会间的边界，重塑了政府、市场主体和社会组织之间的信任合作关系，三类主体由疏离自治走向协同合作。

三 多方法协同

（一）权威供给、商业供给与志愿供给

政府、市场、社会三类主体在教育扶贫中具有不同的参与方式。

政府作为教育扶贫的主导单位，是教育扶贫工作的最大推动者。政府参与教育扶贫，不仅是政府的义务与责任性要求，更是政府实现自我职能、完成职能转换的重要方式与手段。

政府提供社会服务的逻辑是"权威供给"。政府是教育扶贫政策和资源的规划者、供给者和监管者。政府制定教育扶贫政策和规划，提供教育扶贫的经费和资源，激发和引导其他主体共同参与教育扶贫，并建立评价反馈与监督机制。①

市场是贫困治理中最具活力的因素，运用好市场机制，能够拓展扶贫开发的资源，破解片面依靠行政手段、政府资源推动减贫的低效率难题。② 近年来，市场主体在教育贫困治理中的地位不断凸显，我国政府也出台了一系列文件以鼓励市场主体参与扶贫事业。③

市场主体参与教育扶贫，一方面能够扩展整个教育扶贫资源的总量，另一方面能够促使教育扶贫特别是技能教育扶贫与产业发展更好衔接。市场主体参与教育扶贫，能够帮助贫困地区转变发展观念，扭转"输血"为主、"造血"能力不足的状况，激发贫困地区的发展活力，丰富教育扶贫的载体和形式，推动扶贫体制机制的创新。④

市场主体参与教育扶贫的逻辑是"商业供给"。市场主体的行动逻辑是利润最大化，市场不断追求创新的能力、高效率以及强大的资本动员能力，能够提供差异化、多层次的服务。⑤

社会组织参与教育扶贫的逻辑是"志愿供给"。社会组织的特点决定了其能够提供政府无法提供或提供不好、市场又不愿供给的社会服务。社会组织在提供社会服务中具有专业性、公益性的特点。⑥ 社会组织的中介性质，使其在教育扶贫中发挥重要作用。社会组织注重专业性服务，运用参与式的发展理念和方法，充分尊重贫困群众的主体性，将其视为发展的主体以及合作伙伴，将教育扶贫资源的决策权、使用权和

---

① 周进萍：《社会服务供给侧结构性改革——四种优化供给模式探讨》，《云南行政学院学报》2017年第1期。
② 吕方、梅琳：《"精准扶贫"不是什么？——农村转型视阈下的中国农村贫困治理》，《新视野》2017年第2期。
③ 向德平、黄承伟主编：《中国反贫困发展报告（2015）——市场主体参与扶贫专题》，华中科技大学出版社2015年版，第3页。
④ 刘鸿燕：《企业扶贫：贫困地区脱贫致富重要途径》，2009年11月27日，http://www.farmer.com.cn/2009/11/27/99128971.html，2020年3月20日。
⑤ 周进萍：《社会服务供给侧结构性改革——四种优化供给模式探讨》，《云南行政学院学报》2017年第1期。
⑥ 周进萍：《社会服务供给侧结构性改革——四种优化供给模式探讨》，《云南行政学院学报》2017年第1期。

控制权交给贫困群众,强调贫困群众主动参与到教育扶贫项目的决策、实施以及评估之中,提升贫困人口的内生动力和发展能力。①

(二) 整合与协同

政府、市场、社会在教育扶贫中的参与方式分别具有权威性、商业性、志愿性的特性,三类主体发挥各自的特点,运用不同的教育扶贫手段,合力实现教育扶贫的共同目标。政府、市场与社会三类主体彼此依赖、相互整合、共同协商、互相合作,形成多元主体协同共治的模式,不仅扩展了教育扶贫的内容,还丰富了教育扶贫的方法,提高了教育扶贫的效果,从不同层面、不同角度、不同渠道、不同路径满足了贫困地区和贫困人口的教育需求,推动贫困地区和贫困人口教育水平的提高,达到帮助贫困地区和贫困人口获取教育资源,解决贫困问题,激发内生动力,提升发展能力的终极目标。

第二节　精准实施:治理体系的构建

一　治理目标转换:从输血到造血

造血式扶贫是指通过对贫困人口的素质改造,激发贫困人口和贫困地区的内生动力,阻断贫困的代际传递,使其能摆脱外界的资源供给和扶持,依靠自身能力维持社会经济健康发展的可持续性的扶贫方式。以往的输血式扶贫主要通过应急性的救济、均等化的分配、短期性的帮扶来缓解贫困,只能解一时之急,无法彻底根除贫困,还会让受助者产生习惯性、依赖性的消极心理。造血式扶贫一改输血式扶贫单向输入的方法,不仅为贫困群众提供政策与物资,还培养他们利用资源、创造财富、回馈社会的能力,实现了扶贫主体和扶贫对象间的双向互动,保证了脱贫效果的长期性、有效性。

---

① 刘敏:《贫困治理范式的转变——兼论其政策意义》,《甘肃社会科学》2009年第5期。

访谈8-1：DF县政府组织部，干训科科长（ZF171011F10）

"十万农民大培训"是我们县的一个特色品牌项目，目的就是帮助农民掌握使用技能，自力更生，也算是响应国家"造血型"扶贫的精神。其中，主要措施就是吸纳就业培训，通过三年时间培训十万名群众，包括精准扶贫户和其他想要学技术的农民。帮助他们培训技术，再介绍到相关企业工作，通过就业，实现稳定脱贫。县里的十万农民大培训是在HD吸纳就业的基础上，把范围加大加宽，进一步激发农民的内生动力。

材料8-1：HD集团董事局副主席、总裁夏海钧

HD的吸纳就业措施是有一套程序的，首先，从最迫切需要帮扶的特困群众入手，帮他们办理了商业保险，保险收益将保证这些特困群众率先脱贫。其次，针对那些有外出务工意愿，但缺乏一技之长的农村青壮年，HD依托自身的企业优势，举办了四期共4000人的就业培训，组织完成了3105名贫困家庭劳动力到HD及各合作企业就业工作，保证他们有固定的工资性收入。最后，我们还有专门的员工，对这些已经初步脱贫的群众进行跟踪式服务，对那些新上岗的，尤其是分配到外地务工的群众提供心理咨询和辅导，保证他们顺利融入工作环境，树立积极向上的工作心态。从帮他们脱贫到帮他们致富，从帮助"扶智"到"扶志"，我们在结合DF实际情况的探索与实践中，树立教育扶贫的全方位实践目标，总结出一个可以借鉴推广的新模式，造福更多贫困老百姓。

二 治理理念创新：从外部支持到内生动力

（一）扶贫与扶志、扶智结合

教育扶贫，是对扶贫群众进行文化培养、能力提升和素质改造，激发其内生动力，让群众积极创造财富，主动脱贫。古语有云"授之以鱼，不如授之以渔"，短期的物资救济缺乏可持续性，只能解一时之急，教育扶贫则能为农民提供长远的发展能力，为贫困地区提供优质的人才储备，活化贫困群众及贫困地区的内部"造血"机制，是"造血性扶贫"的代表性举措。同时，教育扶贫强调赋权于民，扶贫理念由单一的、形式化的慰问与救济转向对困难群众的能力培养和赋权，让群众了解自身价值，帮助他们树立脱贫致富的自信，提升他们的能力，赋予他们公平享受社会资源的权利。多元主体的参与为农民赋权创造了更丰富的渠道和途径。目前，教育扶贫已经逐渐发展为一个创新性的赋权贫困群众及各类弱势群体的综合性治理体系。

（二）"治物"与"治人"结合

教育扶贫具有"治人"与"治物"的双重功能。一方面，通过教育对个人素质能力的推动作用，培养优质的受教育人才，提高区域内人力资源的水平。在学校内，对学生的教育能提高学生的素质教育水平，提升学生的创新精神、思想水准和发展能力；对教师的培养能提高教师教学水平，明确教师教书育人的根本职责和道德情操。在学校外，通过大力实施职业教育和农民培训，能提升农民的生产能力，提高农民的收入，培养出有文化、懂经营，有科技能力、职业技能和良好个人发展能力的新型职业农民。另一方面，教育扶贫能充分发挥社会经济发展对教育的影响，带动文化、教育等相关产业的完善，推动高效农业、电子科技等新兴产业的发展，建立传统与高新产业结合的新型产业结构，创建教育、经济、社会、文化全面发展的新格局。

三 治理机制协同：从政府包揽到多元治理

政府、市场、社会的参与标志着行政手段、市场手段、社会手段的共同发力。政府通过宏观规划、资源统筹、法规制定、行政监督等行政手段，为教育扶贫提供政策保障和资源倾斜；市场通过资本投入、产业带动、技术培训等手段，为教育扶贫提供市场化的运营管理；社会组织则利用专业服务、组织网络、社会参与的方法，加强对贫困群体的社会支持。在这种多元机制下，贫困治理呈现出多元主体并列、多重权威、多向度权力运作的制度框架。① 政府、市场主体和社会组织间建立起平等对话、权责明确的和谐伙伴关系,各个主体之间实现资源共享、互栖共生,政府、市场主体和社会组织之间的关系逐渐实现"对称性互惠"②。

访谈8-2：DF县扶贫开发办公室,股长（ZF171107M2）

DF今年抓住HD集团定点对口扶贫的机遇,与HD进行了一系列合作,包括联合HD集团引进国家级农业产业化龙头企业DL集团到DF县建设现代高效农业示范基地、建设国内最先进的畜禽种子基因控制中心等产业配套项目。同时,县里颁发了《设立"HD-DF教育奖励基金"的公告》《关于设立HD产业扶贫专项贷款担保基金的公告》等文件,完善政企合作的政策保障。

材料8-2：

在与社会组织的合作中,政府加强了组织协调机制,在与农工民主党的合作中,DF县为确保"同心工程"项目的顺利推进,成立了由县长担任指挥长,县委、县政府分管领导任副指挥长的"同心工程"项目指挥部,项目监管单位与乡镇村级政府层层签订责任书,建立单位负责和项目乡镇包保责任制,并把"同心工程"纳入了乡镇和县直各部门的年度目标考核内容。

材料8-3：

2016年,在HD帮扶义举的感召下,中山大学博学MBA同学会联合文廊实业公司为DF对江村小学等学校捐赠10个阅览室,价

---

① 刘志辉:《政府与社会组织关系:从非对称性共生到对称性互惠共生》,《湖北社会科学》2015年第9期。
② 向德平、刘风:《贫困治理中政府与社会组织关系的变迁及走向》,《中国农业大学学报》(社会科学版)2017年第5期。

值20万元。DF县政府则争取了各级统战部门，由农工民主党帮助牵线搭桥，引进民营企业家到DF开展中药材种植，同时，积极争取帮助编制中药材发展规划及相关产业发展科研报告，各种社会力量综合参与脱贫攻坚渐成燎原之势。

第三节 功能优化：治理效果的整合

党的十八届三中全会提出"推进国家治理体系和治理能力现代化"，探索建立科学高效的社会治理模式。教育扶贫，是贫困治理体系和治理能力现代化的重要内容。政府在教育扶贫中，主要承担起顶层设计、宏观调控、协调组织、政策支持等功能，是肩负任务与职能最多最重的主体。教育扶贫是扶贫攻坚中的重点任务，涉及的工作领域繁多、任务周期长，对资源管理的要求高，如果单纯依靠政府一方的力量来实施，不仅会给政府造成很大的压力与负担，还会影响到教育扶贫的效率和效果。市场主体是教育扶贫的重要力量，市场主体作为社会的一分子，在占用社会资源、获得经济利益的同时，也要承担社会责任。[①] 社会组织作为社会主体的代表，是多元主体中最贴近民众的一股力量，其专业性的特点使其能为教育扶贫治理提供专门化的扶贫服务，其公益性的特点则能加大民众的参与度，提升了教育扶贫的社会影响力。政府的主导性、市场主体的经济性、社会组织的专业性，三种主体通过发挥自身优势，在合作中互补互助，构建了完善的教育扶贫体系。

政府、市场、社会根据自身职能、功能的区别，在教育扶贫过程中运用分工合作、优势互补的机制，提高了教育扶贫工作的效率，加大了教育扶贫的推进速度，也扩大了教育扶贫的成效。市场、社会主体的参与解决了政府在教育扶贫工作中易出现的资源浪费、精准度欠缺等问

---

① 马晓英、范建荣：《宁夏回族自治区非公有制企业参与精准扶贫的作用机理分析》，《现代农业科技》2017年第24期。

题，政府的主导又填补了市场、社会扶贫中组织动员力不够、政策支持不足、机制体制不完善等问题。三种主体相互补充、各施所长，用多样化的扶贫手段、科学化的治理体制，形成巨大合力，极大地推进了教育扶贫的发展。

一 提升教育水平，推动扶贫进程

通过政府、市场与社会的合作，提升了贫困地区教育水平。民众受教育程度低，内生动力不足，这既是贫困的原因，也是贫困导致的结果。要打破贫困代际传递形成的周期性、长期性贫困，必须从根本上阻断这个恶性循环的链条。教育是改善人口综合素质的最有效方法，用提高教育水平的方式来扶贫，是全面提升贫困地区教育水平、推动整体扶贫进程的必要手段。实施教育扶贫，一方面能改善贫困地区的教育文化水平，提高贫困群众的个人能力，构建造血式、可持续性的扶贫模式，从根本上消除贫困；另一方面，可以缓解我国教育及经济发展不平衡的现象，缩小城乡、东西、沿海内陆之间的差距，促进社会和谐有序发展。教育扶贫作为脱贫攻坚的重要组成部分，有力地推动了教育水平和经济水平的进步，全面促进了扶贫事业的发展，用实践证明了"治贫先治愚、扶贫先扶教"的正确性。

以DF县的教育扶贫成果为例。DF县政府遵循中央脱贫攻坚的总体要求，结合《关于实施教育扶贫工程的意见》《教育脱贫攻坚"十三五"规划》《中国农村扶贫开发纲要（2011—2020）》等重要文件的精神，结合DF县实际情况与经济文化背景，实施了一系列政策措施以大力提高本地的教育水平和教育发展速度。

DF县政府教育扶贫的成果主要有以下几个方面：

材料8-4：

1. 基础设施建设

DF县内很多中小学都有容纳力不足的问题，很多小学都是复合班教学；很多中学的宿舍不够，只能在宿舍里加床位；还有一些学校设施老旧、综合性教学设施不齐全，甚至有的存在安全隐患。针对这些问题，教育局投入20亿元资金，以解决县内学校的办学条件，完成了二中、三中、实验高中三期、DF六小等学校的改建、扩建、新校区建设工程。从2015年至今，修建了175所山村幼儿园以满足群众对学前教育的需要。

2. 学生资助

学生资助方面，DF县政府严格遵守中央及上级政府制定的资助辅助政策，加大学生资助的精准度，通过信息化建档等方式管理受助学生信息，针对各阶段不同的学习所需的费用要求实行区别化的资助办法。

从2012年起，DF县累计资助家庭困难寄宿生183084人，资金10493万元，其中2017年补助寄宿生36674人，补助金额2226.25万元。普通高中国家助学金及免学费。从2010年开始DF县累计资助普通高中学生96926人，资金7101.57万元；普通高中免学费16979人，资金742.6万元。其中2017年资助12182人，资助金额1218.2万元，免学费11448人，免费金额498.984万元。中职国家助学金及免学费。自2012年开始DF县累计资助中职学生8520人，资金790万元；中职免学费9770人，资金820万元。贵州省新增教育精准扶贫学生资助。从2015年开始DF县累计资助就读县内和省外普通高中、中职学校、普通高校（不含研究生）建档立卡贫困学生19617人，资金4587万元。DF县在2017年还拿出64.8万元对高考成绩优秀和被征地农民子女等进行奖励扶助，并通过"雨露计划""金秋助学"等项目资助建档立卡的贫困学生844人，资金422万元。

3. 师资保障

DF县着力改善教师的待遇问题，对教师提供生活补助，提高乡村教师的薪资水平和生活条件。在岗位招聘时优先满足师资缺口大的乡镇学校的特岗计划。加强民族地区的教师培训，消除少数民族儿童上学存在的语言、习俗障碍，帮助这部分学生更好地融入学校生活。同时，加强对教师的能力素质培训，针对在岗教师进行思想水平、教学方法的相关培训，增强教师个人的教学水平和德育水平，以促进教育教学方式的提质与改革。

DF县在2014年至2016年内，通过事业单位招聘考试招聘教师1049人，有效改善学校学科教师缺额问题，进一步优化教师专业结构。建立校长、教师交流考核管理机制，实现县域内义务教育阶段校长（教师）交流轮岗制度化、规范化、常态化。2014—2016年，全县中小学校长（教师）率分别为10.22%、10.30%和10.04%。2014年以来，共组织4.1万余人次参加各级中小学教师、校（园）长培训，教师培训率达100%。

二 扶智扶志结合，激发内生动力

在教育扶贫中，政府、市场主体和社会组织通力合作，一方面，完善以基础教育和职业教育为中心，学前教育、成人教育、特殊教育全面发展的教育体系，夯实贫困地区教育基础，为贫困群众提升个人素质、提高个人能力提供可靠路径，为贫困地区与贫困群众脱贫攻坚提供知识保障和文化支持；另一方面，加强对民众的思想道德、公民意识等德育的培养，引领民众树立正确的价值观，培养其自主脱贫、自主学习的意识，在"扶智"的同时"扶志"。教育扶贫大大提高了农民脱贫致富的内生动力，这种"造血式"扶贫就是中国共产党"一切从人民的根本利益出发"，践行为人民服务的宗旨，切实帮助困难群众解决贫困问题的生动实践。

材料8-5：

毕节同心农工中等职业技术学校开展农村电子商务培训五期250人、农业产业技术养牛技术培训10个班455人，派出部分教师配合县妇联、县电商办深入雨冲、星宿、三元、核桃等全县 31 个乡（镇、街道）开展 34 场次宣讲培训，培训人员 1700 多人。截至目前，结合 HD 吸纳就业开展贫困劳动力培训 34 期，共培训 19448 人，培训后共吸纳就业 15842 人。

材料 8-6：

培训学员表示，这些技术培训的课程绝不是"闹着玩"：通过面对面授课、手把手教授和亲身的参观、实践与体验，课程针对性强，内容涵盖面广。通过培训，激发了学员的竞争心和不甘人后的进取心，由"要我脱贫"转变为"我要脱贫"。

访谈 8-3：核桃乡木寨村，村民（QZ170705M8）

我经过参加技术培训，学习了玫瑰种植的相关技术。我们村最近旅游开发弄得不错，很多贵阳、重庆的游客特地开车来我们这边避暑。玫瑰园是村里旅游开发中的一个主要项目，我在里面搞管理，在种植方面为其他人提供技术指导，一年能赚 2 万多元。

访谈 8-4：核桃乡木寨村，村民（QZ170705F9）

我现在也在村里的花卉种植园里帮忙，一边学技术一边干活，一年能赚 1.2 万元左右。以前我在浙江打工，每天工资大概 60 元，没有现在赚得多。以前本地就业机会太少。没有岗位，大家都外出打工，现在在本地有事做了，回乡的年轻人也越来越多了，很多人学了技术之后还开始创业。我们现在对今后村里的发展很有信心。

三 塑造现代意识，提高发展能力

教育扶贫能提高贫困人口的可持续发展能力，让受助者了解到知识改变命运的重要性和教育的益处，加强对子女的教育，阻断贫困代际传递、恶性循环的链条。同时，教育扶贫也能提高贫困民众的市场意识与创新意识。在市场、社会多方参与的扶贫模式下，各类企业、社会组织带来先进的理念、科学的管理方式、现代化的运营手段，能给贫困人口带来积极的影响，帮助他们在脱贫的同时，学习符合经济潮流与时代趋势的理念和方法，提高个人的能力与市场竞争力。

访谈 8-3：HDDF 扶贫管理有限公司，吸纳就业部部长（QY171110F2）

有一个标准化的工作流程，部门主要是吸纳就业，输送贫困人口外出或者本地就业。大概三块，吸纳就业培训、输出、农民技能培训。量化指标，我们定的是 2016 年、2017 年、2018 年三年帮扶 DF 县脱贫，十万农民技能培训，包含 3 万人吸纳就业培训，另外是农民技能培训，7 万人的培训主要是产业方面的，肉牛养殖、蔬菜大棚等。7 万人的培训主要是政府在做，以乡镇为单位，开展培训，HD 这些方面比较欠缺，而且农民技能培训涉及理论+实操，不可能集中在县城。以乡镇为单位，开展一期 100 人、几十人左右，理论+实操两个板块。

材料 8-7：

干部受 HD 影响，作风大改变。市委、市政府专门从全市抽调了 100 名优秀年轻干部到 HD 驻 DF 扶贫办进行培养锻炼，有效转变了广大干部职工的工作作风……强力带动了政府和贫困户的工作效率和扶贫参与积极性。

HD 帮扶 DF，得到了老百姓的拥护和支持，调动了群众的积极性。东关乡大寨村村民刘启林说："这些项目是 HD 掏腰包给我们做的，我们一不能漫天要价，二不能赖起不搬，三不能坐地不征，四不能刁难人家。"

四 培育核心价值，提高综合素养

教育扶贫是提高贫困人口思想文化素养最重要的方法和途径。人的素质不仅表现在知识、技能方面，还表现在品德水平、价值观念、文化素养等方面。教育扶贫除了重视知识教育之外，还将思想品德教育、政治理论教育、道德伦理教育纳入教育任务之中，重视对贫困人口的"德育"培养，加强对贫困人口的社会责任感的教育和法治意识的教育，帮助贫困人口树立正确的世界观、人生观和价值观。在教育扶贫过程中，政府、市场主体与社会组织各擅所长，既"帮其致富"，还重视贫困群众的素质提升，通过素质教育，将贫困人口培养成有社会公德心、正确价值观、国家荣誉感，有较高科学文化素质、思想政治素质、民主法治素质的新型农民。

访谈8-4：DF县核桃乡木寨村，村主任（QZ170705F10）

讲习所要结合发展实际，我们是发展乡村旅游为主，因此分成几块：现在有十几户开农家客栈，讲一些接待游客需要注意的事情，餐饭、内务；第二块，面向全体群众，各种民风民俗，来了都是客，在面貌上留下好印象，不光膀子，不随地吐痰，从小事做起。我们这里水果比较多，如果游客喜欢摘果子，村民不要生气，教育他们不要去在意，反而是提供凳子和梯子。人家从重庆、宜宾来这里，不是为了吃果子，就是个爱好。还要进行环境整治，不要污水横流、垃圾乱倒，非常关键。

材料8-8：

HD的管理模式、思维方式、时间观念、工作实效改变了DF的一些干部。不少干部通过和HD团队同吃、同住、同劳动，"慵懒漫浮散拖推"等现象得到明显改变，素质和能力得到大幅提升，变"要我扶贫"为"我要扶贫"。在HDDF扶贫管理优先公司200

多名扶贫工作队员"特别能吃苦、特别能战斗、特别能忍耐、特别能奉献"的精神感染下,全县上下决战贫困、决胜小康的激情前所未有,涌现了许多感人的扶贫典型事迹。

访谈8-5:DF县猫场镇箐口村,党委书记(ZF171108M6)

我建议箐口村里除了按照自己的规划做,一定要让外界所有来的人感受到村支两委在团结老百姓做艰苦创业的事情。我们每天都要有人上山下地,做工程搞卫生,不要让老百姓在家里待着。如果体现不出艰苦创业的精神,项目在这里怎么实施?老百姓每天游手好闲,就失去了箐口村的精神。路边花也有示范带头的作用,比如从永久村过来,田间卫生要搞好,老百姓要上山,果树要下地,首先利用这时候把这个做好。那天市长说,我不听你说,主要看老百姓的荷包鼓不鼓,整个村的精神风貌好不好。如果不听我们村支两委介绍,就不知道我们村支两委做了多少事,怎么发动老百姓的,这不行。现在公路开通了,就造成热火朝天在做事的。所以,我们村里一定要花一点精力,那天晚上我过来,我说结合十九大刚刚开完,你们做两件事:一个是学习十九大精神,动员老百姓学习共同富裕的精神,走共同富裕之路。二是掀起秋冬种的高潮,还有做产业的高潮。我们最终是要抓产业。没有产业支撑,在这块土地上,如果没有科学技术,只靠传统技术,不行。好多地方讲科技兴农。我觉得应该在这方面下功夫。一定要用老百姓艰苦创业的精神,争取项目在这里实施。

第九章 结论与讨论

消除贫困是人类社会的共同目标,是社会主义的本质要求。回顾中国改革开放以来的减贫历程可以发现,中国的减贫格局正在发生变化。中国对贫困的认识不断深刻,扶贫策略呈现出多维取向。在扶贫过程中不仅仅关注收入低下的问题,也特别注重教育等因素对贫困的重要影响。在中国贫困治理的制度架构中,教育扶贫是非常重要的内容,"发展教育脱贫一批"是中国贫困治理的重要行动路径。因此,研究教育扶贫问题不仅有助于促进教育和社会公平,有利于全方面消除贫困,还是从根源上消除贫困的重要方法。

第一节 基本结论

教育扶贫兼具"扶教育之贫"和"用教育扶贫"双重含义。一方面,教育扶贫要补齐教育短板,推动教育均衡发展;另一方面,要把教育作为脱贫的工具,通过教育让贫困人群具备脱贫的素养和能力。教育扶贫兼具扶志与扶智的双重功能,对于催生内生动力,增强谋生能力,稳固贫困治理成效等都具有重要意义。本研究以 DF 县的教育扶贫为例,搭建了教育贫困治理的理论分析框架,立足于探讨政府、市场、社会等多元主体在教育贫困治理中的协同作用,从治理视角来探索形成教育扶贫合力、构建教育扶贫机制、扩大教育扶贫效果的路径与方法。本研究分析了教育扶贫行动中各治理主体的角色定位、作用边界和互动关系，研究了各治理主体参与教育扶贫的实践领域、行动机制、运作逻辑和行动困境，总结了教育贫困治理的优化效果，得出以下结论：

一 教育不平等与贫困之间呈现出双向互动的关系

教育不平等是中国教育贫困的主要原因，也是中国教育贫困问题的主要表现。中国的贫困问题主要集中在农村地区，尤其是中西部内陆地区的农村。这些地区教育基础设施落后、教育水平低下、教育发展落后。经济的落后直接制约了文化教育的发展。此外，城乡分化的二元经济结构激化了教育资源的不平等配置，而教育的不平等又拉大了收入分配的差距，形成一种恶性循环。教育不平等一直都与贫困有着难以割裂的关系，越是贫困的地区，教育水平越发落后，人口受教育程度也越低。同时，教育不足引起的文化贫困，又通过代际传递给下一代，造成下一代也存在个人能力不足与竞争力低下的问题，他们没有足够的知识、技能去参与市场竞争，难以摆脱贫困，从而陷入贫困代际传递的恶性循环之中。

二 教育扶贫是中国特色贫困治理体系的重要组成部分

教育扶贫为脱贫攻坚提供了有力支撑。只有教育才能"授人以渔"，实施教育扶贫才能有效激发贫困地区人口的内生动力，增强贫困人口的谋生与发展能力，才能稳固贫困治理的成效，从根本上阻断贫困的代际传递。教育扶贫是贫困问题的治本之策，是中国特色贫困治理体系的重要组成部分。教育扶贫既是"两保障三不愁"的重要目标之一，也是精准扶贫"五个一批"的重要内容。教育扶贫重视推动教育的均衡化发展，重视基础教育、职业教育、思想文化教育的协调，将扶贫与扶智扶志结合，注重行政手段、市场手段、社会手段的结合。教育扶贫有其独特的作用机理，强调通过"补短板""促发展""激发内生动力"来实现贫困治理目标。通过教育扶贫，推动了贫困地区公共服务的均等化发展，实现贫困人口和贫困地区发展能力和内生动力的提升。

三 教育扶贫政策的演进契合贫困治理范式的转变

从教育扶贫政策的发展脉络看，其演进逻辑符合贫困治理的内涵，契合贫困治理范式的转变。教育扶贫不仅强调贫困治理内容的多维取向，也强调教育贫困参与主体的多元化与协同化。这些变化主要表现在以下几个方面：一是教育扶贫的内容由知识文化教育向职业教育、技术培训扩展。通过扶持、引导和培训，提高贫困人口素质，增强就业、创业能力，是贫困人口脱贫致富的有效途径。二是教育扶贫的范围由基础教育向学前教育、继续教育延伸。目前，中国已经逐渐建立起以基础教育为中心，学前教育、成人教育、特殊教育等多种教育形式相结合的教育扶贫政策体系。三是教育扶贫主体从单一政府向多元主体转变，教育扶贫不再仅仅是政府的责任，其治理模式从政府包揽向多元主体合作治理转变，扩展了贫困治理的维度。

四 多元主体的互动关系是教育贫困治理架构中的核心要素

教育贫困的治理架构体现了多元主体的互动关系。在教育贫困治理中，政府、市场和社会是多元主体的重要代表，分别扮演不同的角色。政府主要通过制度建设、资源配给和推动实施等方式介入贫困治理，在教育扶贫中发挥着主导作用。市场主要通过捐资助学、教育培训等方式积极践行"企业社会责任"，同时在教育扶贫中实现企业自身的利益，实现教育扶贫和企业利益的平衡。社会力量在教育扶贫中主要践行公益使命，同时提升机构美誉度，助力机构更好地成长。在多元主体参与的教育贫困治理架构中，政府作为国家权力的行使机构，拥有对社会、政治、经济进行管理、领导的权力与能力，在贯彻落实扶贫政策、创新扶贫模式、统筹协调等方面具有天然的优势。市场主体遵循市场原则，在组织管理及运营、优化资源配置及带动经济活力等方面具有明显优势。社会主体的优势则体现在组织架构清晰、成员专业、理念先进、方式灵活、贴近群众等方面。各治理主体之间的互动关系主要表现为合作与互补，以政府为主导展开合作。

五 教育贫困治理是政府、市场和社会主体协同治理的过程

虽然政府、市场和社会主体在教育扶贫中的地位不完全对等，但是协同治理的理念仍然贯穿于教育扶贫的整个过程之中。政府、市场和社会力量以各自不同的动机和逻辑参与到教育扶贫当中，形成推动教育扶贫进程的一股合力。政府、市场、社会的协同作用主要围绕扶贫资源展开，其中，政府以制度安排和行政手段来分配教育扶贫资源，在多元格局中处于主导地位，位于教育贫困治理架构的中心位置。不过，政府虽然具有资源配给的权力，但并不能保证资源的完全供给及使用效率，加之政府资源自身的有限性和管理模式上的局限，决定了它并不能包揽教育扶贫的全部内容。在这种背景下，需要市场主体按照市场原则来优化资源配置，补充资源，提高资源的使用效率。而社会主体主要依据自身的特点和优势，为教育扶贫对象提供服务。这两股力量的参与既是对政府资源的补充，也是为了避免政府扮演"运动员"和"裁判"的双重角色而导致扶贫资源使用的低效。在行政、市场、社会三种不同的行动机制中，政府从包揽到主导，市场从被动到主动，社会从疏离到跟进，意味着贫困治理中"协同共治"机制的初步形成。

政府、市场、社会等多元主体在协同治理中扮演着不同角色，也面临着各自不同的困难与挑战。政府作为扶贫治理中的主导者，在教育扶贫中扮演着规划者、政策制定者、资源提供者、政策执行者、督导管理者等重要角色。政府的角色困境主要体现在三个方面：一是资源供给的矛盾。政府教育资源的投入与教育扶贫的实际需求之间存在差距，可能导致资源供给的紧张与资源配置的偏差。二是资源使用效率的影响。政府主导的资源难以满足差异化、个体化的教育扶贫要求，难以达到资源配置的最优状态。三是行政方式的局限。由于缺乏市场化思维和手段，可能出现扶贫资源低效甚至滥用现象。而市场主体面临的角色困境主要

表现在三个方面：一是经济利益与社会效益难以统一，市场逻辑和社会逻辑较难达到平衡。二是市场主体的扶贫能力和经验不足，其参与扶贫的时间较短，缺乏扶贫的专业知识、能力与经验。三是形式主义与跟风主义问题，造成部分企业扶贫主导思路与方式的偏差，扶贫工作流于表面，没有真正落到实处。而社会主体面临的角色困境表现为三个方面：一是受社会组织自身规模和业务范围的影响，其参与教育扶贫的自主性有待提升。二是受社会组织自身发展状况和成熟度的限制，部分社会组织能力不足。社会组织需要提升资源整合、机构管理、危机应对、服务创新等方面的能力。三是社会组织参与教育扶贫的持久性、可持续性尚需加强。

六 教育扶贫的效果是多主体协同治理的结果

在教育扶贫中，多元主体治理目标一致，治理方式配合，治理机制协同，共同促进了教育扶贫的发展，基本实现多元主体协同治理的优化。这种优化主要表现在以下几个方面：一是多元治理主体角色关系的优化。政府实现从包揽到主导的变化，重塑了其在教育扶贫中的地位；市场主体实现了从被动到主动的地位转变；社会主体实现了从疏离到跟进的角色再造。二是多层次互动关系的优化。市场和社会主体实现从"工具性支持"向"主体性支持"的地位转变，治理主体实现了从单一主体到多元参与，互动关系实现了从控制关系到合作伙伴关系的转变。三是贫困治理体系的优化。实现了治理目标从输血到造血的转换，治理理念从外部支持到内生动力的更新，治理机制从政府包揽到多元治理的创新。四是贫困治理功能的优化。通过提升教育水平推动了扶贫进程，以核心价值观培育来提高综合素养，以扶智和扶志相结合来激发内生动力，以知识传授和技能培训来提高发展能力。此外，政府、市场、社会通过发挥自身功能优势，在合作中互补互助，完善了教育扶贫的功能体系，提高了教育扶贫工作的效率。

第二节 讨论

政府、市场、社会主体的良性互动和协同共治是教育扶贫的重要手段，多元共治理念已经在教育扶贫领域有了广泛的应用，也取得了显著的成效。但是，当前的多元主体互动，是建立在政府主导下的互动关系，政府、市场、社会的协同作用主要围绕扶贫资源展开，政府以外的参与主体的主体性和自主性都比较弱。如何增强多元主体互动的内在动力，如何增强多元主体参与教育贫困治理的自主性？这些问题仍然需要做出进一步探讨。

一 政府如何促进市场主体、社会组织参与贫困治理

随着贫困原因及表现的复杂化，单一的行政手段已无法满足当前时代背景的需要。新时期扶贫工作的重点，不仅仅是政府向贫困社区和贫困农户传递政策、输送资源，更为重要的是引导市场主体和社会力量共同参与扶贫开发事业，真正激发贫困地区和贫困人口的内生动力，建立扶贫脱贫的长效机制。在这个过程中，政府应做到既不缺位也不越位，既要保证各类公共产品、公共服务的有效传递，又要在政府做不到、做不好的领域大胆放手，让市场机制、社会组织发挥作用。要有效推进多主体间的平等合作，需要做到以下几点。

一是健全与完善政府、市场、社会的伙伴关系。长期以来，在政府、市场、社会组织伙伴关系建设方面存在着管理主义和专业主义的分歧，政府在扩大市场主体和社会组织承接政府购买服务项目的过程中，出于自身管理的考量，往往设定若干刚性指标，有些指标对于市场主体和社会组织而言不一定合理，不符合以专业的精神和专业的方式回应服务对象需求的要求，在一定程度上抑制了市场主体和社会组织功能和优势的发挥。良性的伙伴关系，应当是政府与市场主体、社会组织在教育贫困治理实务中，合理界定自身角色和行动边界，在发挥政府主导作用

的基础上，充分尊重市场主体和社会组织专业性的地位，充分发挥市场主体和社会组织不可或缺的作用。

二是发挥市场机制的益贫性。市场主体和社会组织参与扶贫开发，为中国的减贫事业注入了活力，但一些地方政府依然存在借助行政力量干预企业和社会组织参与扶贫的行为，这种做法违背了市场机制，也不符合公益精神。在一些地区一些部门，政府对于市场主体和社会组织参与扶贫的认识尚不够清晰，认为企业参与扶贫就应该是纯慈善性质的，就应当免费投入资源，不计回报。在市场逻辑下，市场主体以赢利为目标是无可厚非的，关键在于如何设计恰当的政策机制，找到市场机制与教育扶贫的结合点，建立市场主体与贫困户的利益链接机制，充分发挥市场机制的益贫性，促进企业利益与脱贫攻坚的双赢。

三是培育扶贫公益市场。随着市场经济的快速发展和社会领域的不断成长，公益活动蓬勃兴起，扶贫是公益中非常重要的内容。扶贫公益市场的培育与治理，既有自发演进、内生秩序的一面，又有引导、干预、规制的一面。政府通过立法和制度层面的改革，培植公益资源，释放公益潜能；通过市场主体和社会组织之间的竞争、创新，竞争公益资源，并将公益资源通过专业化的方法和手段输送给贫困人口；通过适当的引导和规制，对公益领域的信息失灵、行为失范、竞争失序现象予以干预和矫正；建立科学的公益政策体系，搭建高效透明的公益信息网络；通过政策激励，鼓励市场主体和社会组织在公益领域迅速成长，提升服务能力，提高公信力和美誉度。

四是善用市场机制和社会逻辑。政府的激励政策如免税、补贴等，能够调动市场主体在贫困地区投资兴业、发展教育的积极性；政府的倡导和支持也能调动社会组织参与扶贫的热情，激发社会组织参与扶贫的动力，但是如果不恰当运用政策手段，很可能产生负面的影响。政府利用市场机制促进扶贫开发工作的重点在于，通过对贫困人口进行能力建设、资产建设、社会资本建设，使其能够参与并分享产业发展所产生的利益。同样道理，社会组织参与扶贫开发，也要遵循社会的逻辑，要充分发挥社会的力量，通过赋权、参与式发展等方式提升贫困人口的能力，解决贫困问题，同时，促进社会组织自身的发展。

二 贫困治理中市场主体和社会组织的自主性建设

市场主体和社会组织的自主性是指"主体对自己活动的控制程度"，或者主体在多大程度上可以自由决定自己的行为。自主性的形成与扩展是市场主体和社会组织争取外部资源和合作的结果，主体的自主性及其具体获取方式与外部环境和自身的策略相关。

一是建立合作机制。政府、市场主体和社会组织的关系状态对教育扶贫的过程及成效具有重要影响。在脱贫攻坚的决战时期，政府需要动员全社会的力量，与市场主体和社会组织进行合作，探索和完善市场主体、社会组织与政府在扶贫领域的制度化、常态化协调、协同和合作机制。[1]

二是整合社会资源。要充分发挥市场主体和社会组织在贫困治理中的作用，其重要前提是保障市场主体和社会组织的行动能力和自主性，使其能够有效整合和汲取社会资源。市场主体和社会组织要建立长效稳定的资源投入机制，拓宽资源来源渠道，实现资源结构的合理化，寻求资源供给的多元化，提高市场主体和社会组织的资源积累和服务能力。

三是加强组织建设。市场主体和社会组织的组织建设包括内部建设和合作网络建设两方面内容。内部建设是市场主体和社会组织在自身运作过程中的目标、章程、规范、制度、能力等方面的建设。合作网络建设是建立不同主体之间的多维合作通道，实现外部联合的再组织化，形成规模效应，提升整体的竞争力。

四是重视能力建设。许多市场主体和社会组织参与教育扶贫的能力

---

[1] 汪大海、刘金发：《慈善组织参与扶贫领域社会管理创新的价值与对策》，《中国民政》2012年第12期。

不足，与打赢脱贫攻坚战的要求相比还存在较大差距。市场主体和社会组织的扶贫能力建设，表现在科学的定位、先进的理念、规范的管理、专业的服务、精准的手段、科学的方法、协调的关系、丰富的资源等多个方面，只有提高主体本身的实力与能力，才能保证教育扶贫工作的有效落实与运行。

参考文献

著作

康晓光：《中国贫困与反贫困理论》，广西人民出版社1995年版。

李军：《中国城市反贫困论纲》，经济科学出版社2004年版。

卢汉龙：《社会建设与社会治理》，中国社会科学文献出版社2006年版。

钱穆：《论语新解》，生活·读书·新知三联书店2002年版。

全球治理委员会：《我们的全球伙伴关系》，吉林人民出版社2001年版。

世界银行：《2000/2001年世界发展报告》，中国财政经济出版社2001年版。

唐均：《中国城市居民贫困线研究》，上海社会科学院出版社1998年版。

汪三贵、张伟宾、杨浩等：《城乡一体化中反贫困问题研究》，中国农业出版社2016年版。

王名：《社会组织论纲》，社会科学文献出版社2013年版。

习近平：《摆脱贫困》，福建人民出版社1992年版。

向德平、黄承伟主编：《中国反贫困发展报告（2014）——社会组织参与扶贫专题》，华中科技大学出版社2014年版。

向德平、黄承伟主编：《中国反贫困发展报告（2015）——社会组织参与扶贫专题》，华中科技大学出版社2015年版。

向德平、黄承伟主编：《中国反贫困发展报告（2016）——市场主体参与扶贫专题》，华中科技大学出版社2016年版。

杨海蛟、武正国：《机遇与挑战：改革开放进程中的中国公共管理》，世界知识出版社2013年版。

俞可平：《治理与善治》，社会科学文献出版社2000年版。

左常升主编：《国际减贫理论与前沿问题》，中国农业出版社2014年版。

［德］马克思：《马克思恩格斯选集》，中共中央马克思恩格斯列宁斯大林著作编译局译，人民出版社1965年版。

［美］艾伯特·赫希曼：《经济发展战略》，曹征海等译，经济科学出版社1991年版。

［美］格尔哈特·伦斯基：《权利与特权：社会分层的理论》，关信平等译，浙江人民出版社1988年版。

［瑞典］冈纳·缪尔达尔：《世界贫困的挑战——世界反贫困大纲》，顾朝阳等译，北京经济学院出版社1991年版。

［印度］阿马蒂亚·森：《以自由看待发展》，森任赜、于真译，中国人民大学出版社2002年版。

［英］安东尼·哈尔、詹姆斯·梅志里：《发展型社会政策》，罗敏译，社会科学文献出版社2006年版。

期刊

白雪梅：《教育与收入不平等：中国的经验研究》，《管理世界》2004年第6期。

毕素华：《官办型公益组织的价值突围》，《学术研究》2015年第4期。

蔡科云：《论政府与社会组织的合作扶贫及法律治理》，《国家行政学院学报》2013年第2期。

曹静：《贫困治理背景下多元主体合作机制研究》，《商丘职业技术学院学报》2014年第4期。

陈栋生：《论区域协调发展》，《北京社会科学》2005年第2期。

陈端计、詹向阳：《贫困理论研究的历史轨迹与展望》，《青海师专学报（教育科学）》2006年第1期。

陈旻、李呈：《多元社会治理中政府主导作用探析》，《北京政法职业学院学报》2015年第3期。

陈玉宇、王志刚、魏众：《中国城镇居民20世纪90年代收入不平等及其变化——地区因素、人力资本在其中的作用》，《经济科学》2004年第6期。

陈钊、陆铭、金煜：《中国人力资本和教育发展的区域差异：对于面板数据的估算》，《世界经济》2004第12期。

陈宗胜、沈扬扬、周云波：《中国农村贫困状况的绝对与相对变动——兼论相对贫困线的设定》，《管理世界》2013年第1期。

程民选：《市场主体的内涵与市场主体确立的基本条件》，《中国经济问题》1994年第5期。

狄增如、樊瑛：《多元主体合作共治的组织与模式创新》，《工程研究——跨学科视野中的工程》2015年第2期。

顾昕：《贫困度量的国际探索与中国贫困线的确定》，《天津社会科学》2011年第1期。

郭丛斌、闵维方：《家庭经济和文化资本对子女教育机会获得的影响》，《高等教育研究》2006年第11期。

郭广军、邵瑛、邓彬彬：《加快推进职业教育精准扶贫脱贫对策研究》，《教育与职业》2007年10期。

郭熙保：《论贫困概念的内涵》，《山东社会科学》2005年第12期。

国家统计局《中国城镇居民贫困问题研究》课题组：《中国城镇居民贫困问题研究》，《统计研究》1991年第6期。

韩朝华：《利益多元化与社会治理结构转型》，《中国特色社会主义研究》2007年第1期。

贺东航、孔繁斌：《公共政策执行的中国经验》，《中国社会科学》2011

年第 5 期。

贺青、张虎：《教育不平等对收入差距扩大的动态影响分析》，《统计与决策》2015 年第 7 期。

侯国凤、戴香智：《社会组织参与农村扶贫的优势与瓶颈——基于社会政策视角的分析》，《中国集体经济》2012 年第 1 期。

黄建：《社会失灵：内涵、表现与启示》，《党政论坛》2015 年第 2 期。

霍艳丽、童正容：《从制度因素视角分析我国的相对贫困现象》，《技术与市场》2005 年第 4 期。

江必新、李沫：《论社会治理创新》，《新疆师范大学学报》（哲学社会科学版）2014 年第 2 期。

蒋悟真：《政府主导精准脱贫责任的法律解释》，《政治与法律》2017 年第 7 期。

匡远配、汪三贵：《中国民间组织参与扶贫开发：比较优势及发展方向》，《岭南学刊》2010 年第 3 期。

李春玲：《教育不平等的年代变化趋势（1940—2010）——对城乡教育机会不平等的再考察》，《社会学研究》2014 年第 2 期。

李健、张米安、顾拾金：《社会企业助力扶贫攻坚：机制设计与模式创新》，《中国行政管理》2017 年第 7 期。

李鹏、朱成晨、朱德全：《职业教育精准扶贫：作用机理与实践反思》，《教育与经济》2017 年第 6 期。

李强：《绝对贫困与相对贫困》，《中国社会工作》1996 年第 5 期。

李少荣：《马克思主义反贫困理论的发展及其指导意义》，《理论探讨》2006 年第 1 期。

李微：《农民工贫困文化对子女学校教育的影响探微》，《教育观察》2013 年第 2 期。

李雪萍、陈艾：《社会治理视域下的贫困治理》，《贵州社会科学》2016 年第 4 期。

李亚、李习彬：《多元利益共赢方法论：和谐社会中利益协调的解决之道》,《中国行政管理》2009年第8期。

李煜:《制度变迁与教育不平等的产生机制——中国城市子女的教育获得(1966—2003)》,《中国社会科学》2006年第6期。

梁丹、焦以璇:《建成世界规模最大高等教育体系,服务经济社会能力显著提升——"十三五"高等教育取得突破性进展》,《中国教育报》2020年12月4日第1版。

廖富洲:《农村反贫困中政府主导行为的优势与问题》,《中国党政干部论坛》2004年第9期。

林乘东:《教育扶贫论》,《民族研究》1997年第3期。

刘精明:《中国基础教育领域的机会不平等及其变化》,《中国社会科学》2008年第5期。

刘军豪、许锋华:《教育扶贫:从"扶教育之贫"到"依靠教育扶贫"》,《中国人民大学教育学刊》2016年第2期。

刘敏:《贫困治理范式的转变——兼论其政策意义》,《甘肃社会科学》2009年第5期。

刘清荣、程文燕、康亮:《试论我国扶贫开发的历程、模式及创新》,《老区建设》2013年第8期。

刘守义、王春禄、韩惠鹏:《农村家庭经济状况对家庭教育投资行为影响的研究》,《会计之友》2009年第1期。

刘志辉:《政府与社会组织关系:从非对称性共生到对称性互惠共生》,《湖北社会科学》2015年第9期。

卢晖临、李雪:《如何走出个案——从个案研究到扩展个案研究》,《中国社会科学》2007年第1期。

吕方、梅琳:《"精准扶贫"不是什么?——农村转型视阈下的中国农村贫困治理》,《新视野》2017年第2期。

马晓英、范建荣:《宁夏回族自治区非公有制企业参与精准扶贫的作用机理分析》,《现代农业科技》2017年第24期。

孟照海:《教育扶贫政策的理论依据及实现条件——国际经验与本土思

考》,《教育研究》2016年第11期。

宁吉喆:《全面建成小康社会取得决定性进展 决战决胜实现目标必须加快补短板》,《人民日报》2020年7月24日第11版。

牛利华:《教育贫困与反教育贫困》,《学术研究》2006年第5期。

欧阳琦:《国内外贫困治理理论、政策比较研究》,《中外企业家》2015年第25期。

彭华民、黄叶青:《福利多元主义:福利提供从国家到多元部门的转型》,《南开学报》2006年第6期。

戚谢美、管晓怡:《国家助学贷款的政策学分析》,《浙江大学学报》(哲学社会科学版)2004年第4期。

人民日报社:《2017年全国财政专项扶贫资金超1400亿元》,《人民日报》2017年5月29日第2版。

人民日报社:《第二期国家贫困地区义务教育工程实施》,《人民日报》(海外版)2002年5月1日第1版。

陕立勤、KangshouLu:《对我国政府主导型扶贫模式效率的思考》,《开发研究》2009年第1期。

史柏年:《治理:社区建设的新视野》,《社会工作(学术版)》2006年第7期。

史传林:《民间组织参与农村公共服务的模式与限度》,《社会主义研究》2009年第5期。

苏海、向德平:《社会扶贫的行动特点与路径创新》,《中南民族大学学报》(人文社会科学版)2015年第3期。

孙奎立、谭灵芝:《职业教育对精准扶贫的意义——基于能力理论视角》,《当代职业教育》2007年第5期。

孙晓莉:《西方国家政府社会治理的理念及其启示》,《社会科学研究》2005年第2期。

孙莹:《社会工作者在我国城市反贫困中的使命和角色》,《华东理工大学学报》(社会科学版)2005年第1期。

谭礼剑：《绝对贫困和相对贫困》，《四川统一战线》2008年第13期。

田凯：《治理理论中的政府作用研究：基于国外文献的分析》，《中国行政管理》2016年第12期。

田祖海、叶凯：《企业社会责任研究述评》，《中南财经政法大学学报》2017年第1期。

汪大海、刘金发：《慈善组织参与扶贫领域社会管理创新的价值与对策》，《中国民政》2012年第12期。

汪三贵：《反贫困与政府干预》，《农业经济问题》1994年第3期。

王春婷：《社会治理的共治范式与实现路径——以温州社会治理实践为例》，《江西社会科学》2016年第1期。

王利娟：《教育：阶层传递抑或阶层流动》，《教育导刊》（上半月）2011年第11期。

王名、蔡志鸿、王春婷：《社会共治：多元主体共同治理的实践探索与制度创新》，《中国行政管理》2014年第12期。

王小林、张德亮：《中国城市贫困分析（1989—2009）》，《广西大学学报》（哲学社会科学版）2013年第2期。

王小鲁、樊纲：《中国收入差距的走势和影响因素分析》，《经济研究》2005年第10期。

王艳、李放：《改善我国农村反贫困中政府行为的思路与对策》，《内蒙古农业大学学报》（社会科学版）2009年第1期。

吴汉东：《国家治理现代化的三个维度：共治、善治与法治》，《法制与社会发展》2014年第5期。

吴霓、王学男：《党的十八大以来教育扶贫政策的发展特征》，《教育研究》2017年第9期。

吴晓愈：《中国城乡居民的教育机会不平等及其演变（1978—2008）》，《中国社会科学》2013年第3期。

向德平：《包容性增长视角下中国扶贫政策的变迁与走向》，《华中师范大学学报》（人文社会科学版）2011年第4期。

向德平：《发展型社会政策及其在中国的建构》，《河北学刊》2010年第4期。

向德平、刘风：《贫困治理中政府与社会组织关系的变迁及走向》，《中国农业大学学报》（社会科学版）2017年第5期。

向雪琪：《教育扶贫的维度及其政策意蕴》，《中国农业大学学报》（社会科学版）2020年第5期。

向雪琪、林曾：《改革开放以来我国教育扶贫的发展趋向》，《中南民族大学学报》（人文社会科学版）2018年第3期。

谢君君：《教育扶贫研究述评》，《复旦教育论坛》2012年第3期。

徐道稳：《以发展型社会政策构建发展型福利社会》，《深圳大学学报》（人文社会科学版）2008年第1期。

徐慧：《转型期农村贫困代际转移、影响因素及对策研究》，《经济体制改革》2016年第3期。

徐绍成、李立群、王彪：《民营企业扶贫的困境与对策》，《现代农业科技》2017年第20期。

徐晓军、胡倩：《反贫困的理论研究》，《中国经济时报》第6版。

徐祖荣：《社会管理创新范式：协同治理中的社会组织参与》，《中国井冈山干部学院学报》2011年第3期。

许汉泽、李小云：《深度贫困地区产业扶贫的实践困境及其对策——基于可行能力理论的分析》，《甘肃社会科学》2019年第3期。

燕继荣：《中国社会治理的理论探索与实践创新》，《教学与研究》2017年第9期。

杨海平：《基于精准视阈的教育扶贫策略探究》，《经济研究导刊》2016年第29期。

杨红燕：《中央与地方政府间社会救助支出责任划分——理论基础、国际经验与改革思路》，《中国软科学》2011年第1期。

杨俊、黄潇、李晓羽：《教育不平等与收入分配差距：中国的实证分析》，《管理世界》2008年第1期。

姚迈新：《对以政府为主导的扶贫行为的思考——扶贫目标偏离与转换及其制度、行动调整》，《行政论坛》2011年第1期。

殷巧：《教育扶贫：精准扶贫的根本之道》，《社会治理》2016年第5期。

俞可平：《重构社会秩序走向官民共治》，《国家行政学院学报》2012年第4期。

张海峰：《城乡教育不平等与收入差距扩大——基于省级混合截面数据的实证分析》，《山西财经大学学报》2006年第4期。

张康之：《论后工业化进程中的社会治理变革路径》，《南京社会科学》2009年第1期。

张康之：《社会治理中的价值》，《国家行政学院学报》2003年第5期。

张琦、史志乐：《我国教育扶贫政策创新及实践研究》，《贵州社会科学》2017年第4期。

张晓松：《企业是国家实施脱贫攻坚战略的重要力量》，《经济导刊》2017年第8期。

张宇、刘伟忠：《地方政府与社会组织的协同治理：功能阻滞及创新路径》，《南京社会科学》2013年第5期。

赵红霞、谢红荣：《义务教育均衡发展中的精准扶贫研究》，《湖南大学教育科学学报》2016年第9期。

赵敬丹、李娜：《中国农村反贫困过程中的政府作用研究》，《辽宁大学学报》2011年第1期。

郑功成：《扶贫要建立多管齐下的机制》，《今日中国论坛》2007年第5期。

郑家昊：《政府引导社会管理：复杂性条件下的社会治理》，《中国人民大学学报》2014年第2期。

周大鸣、秦红增：《人类学视野中的文化冲突及消解方式》，《民族研究》2002年第4期。

周进萍：《社会服务供给侧结构性改革——四种优化供给模式探讨》，

《云南行政学院学报》2017年第1期。

周伟、谢斌：《我国政府主导下的跨域公共问题多元主体合作治理理路探析》，《理论导刊》2015年第3期。

朱健、徐雷、王辉：《教育代际传递的城乡差异研究——基于中国综合社会调查数据的验证》，《教育与经济》2018第6期。

朱伟珏：《一个揭示教育不平等的社会学分析框架》，《社会科学》2006年第5期。

庄天慧、陈光燕、蓝红星：《精准扶贫主体行为逻辑与作用机制研究》，《广西民族研究》2015年第6期。

左停、金菁、赵梦媛：《扶贫措施供给的多样化与精准性——基于国家扶贫改革试验区精准扶贫措施创新的比较与分析》，《贵州社会科学》2017年第9期。

论文

丁越峰：《民间组织参与农村贫困治理的理论与实践研究——以仪陇乡村发展协会为例》，博士学位论文，华中师范大学，2014年。

刘敏：《新型农村社会救助制度的实施效果评价研究》，博士学位论文，湖南大学，2011年。

孙咏莉：《贫困、道德与焦虑》，博士学位论文，中央民族大学，2007年。

赵佳佳：《当代中国社会组织扶贫研究》，博士学位论文，吉林大学，2017年。

英文文献

Aghion, P., Growth, *Inequality and Globalization*: *Theory, History and Policy*, Cambridge University Press, 1998.

Becker, G. S. (1975), Human capital: a theoretical and empirical analysis with special reference to education, Second Edition, New York: National Bureau of Economic Research.

CHAMBER R., "Poverty and livelihood: whode reality counts?", *Economic Review*, 1995 (11).

Chiswick, B. R. (1971), "Earnings Inequality and Economic Development", *Quarterly Journal of Economics*, 85.

Lewis, William Arthur, "Economic development with unlimited supplies of labour." (1954).

Nelson, Richard R., "A Theory of the Low-Level Equilibrium Trap in Underdeveloped Economies", *The American Economic Review*, 46, no. 5 (1956).

Pete Alcock, Understanding Poverty: A Guideto Concepts and Measures. Journal of Social Policy, 1993, 22 (4).

Psacharopoulos, G. and M. Woodhall, *Education for Development*, New York, Oxford University Press, 1985.

Rosenstein-Rodan, Paul, "Problems of Industrialization of Eastern and South- Eastern Europe", *Economic Journal*, Vol. 53, No. 210/211, (1943).

Schultz, T. W. (1960), "Capital formation by education", *Journal of Political Economy*, 68 (12).

Johnson N., *The Welfare State in Transition: The Theory and Practice of Welfare Pluralism*, Amherst: University Mas-sachusetts Press, 1987.

Moran R., "Early childhood Investment and the Intergenerational Transmission of Poverty", dissertation, JHU, 2003.

Olsson S E., Och, H. H. and Eriksson, I., *Social Security in Sweden and other European Countries—Three Essays*, Stockholm: ESO, 1993.

Rose Richard, "Common Goals but Different Roles: The State's Contribution to the Welfare Mix", in Rose, R. and Shiratori, R., eds. *The Welfare State East and West*, Oxford: Oxford University Press, 1986.

后　　记

　　立秋时节，酷暑未消，蝉鸣依旧。读着熟悉的内容，本书撰写期间的种种片段也不断在脑海中回溯闪现。回想起撰写、修改、定稿过程中的诸多经历，如释重负之余也涌起万千感慨，有欣喜、不舍、遗憾、紧张……而其中最为深切的，是对本书出版予以诸多帮助的各位师友们的诚挚谢意。

　　首先要感谢我的导师林曾教授。初见林老师时，以为他是一位严肃又不苟言笑的学者。但很快就发现他是一位平易近人、和蔼可亲的长辈。攻读博士期间，林老师给我提供了很多学习的机会。本书的选题、成稿与修改的每一步，都离不开林老师的指导和鞭策。能遇到这样一位认真负责、关怀学生的导师，实乃人生大幸！

　　感谢加州大学伯克利分校社会学系的 Trond Pertersen 教授给我的指导和帮助。Petersen 教授谦和的为人风格，严谨的治学态度，拓宽了我的学术视野，让我受益良多。

　　感谢武汉大学社会学系罗教讲、桂胜、徐炜、慈勤英、伍麟等教授的教诲，本书凝结着他们的智慧与心血。感谢黄锦琳老师的悉心支持。

　　感谢 GZ 省 DF 县各政府部门特别是扶贫办对我调研工作的大力支持，尤其是 DF 县扶贫办的朱主任和郑股长，百忙之中为我准备资料，联系调研部门，陪同走访乡镇。没有他们的无私帮助，就无法收集到那些宝贵的资料。

　　感谢为本书出版提供帮助的中南财经政法大学哲学院，感谢王雨辰教授、陈春英老师，感谢中国社会科学出版社的陈彪老师和杨晓芳编辑！疫情期间，他们克服了各种困难，帮助我完成了本书的修订与出版。

最后，要感谢我的父母，他们是我最坚强的后盾、最温暖的避风港。读书期间，他们从未给我太多的压力，而是一直默默地给予我关心与鼓励，让我能以最轻松的心态心无旁骛地专注于学习当中。

四季流转，时光荏苒，遥记本书初稿完成之时，我还是珞珈山脚樱花树下的一名学子，而如今，我已成为晓南湖畔三尺讲堂上的一名教师。回想撰写本书的时光，充斥着喜悦、也点缀着彷徨，布满了汗水、也积攒下沉甸甸的收获。心中的感激之情，三言两语难以道尽，谨在此后记中向上述所有老师、朋友、亲人一并献上我最真诚的谢意！

向雪琪
2021 年 8 月于武汉